ESTUDIOS ECONÓMICO-SOCIALES

# LAS MÁQUINAS

(CARTAS Á UN OBRERO)

ESTUDIOS ECONÓMICO-SOCIALES.

# LAS MAQUINAS

(CARTAS Á UN OBRERO)

POR

## EL VIZCONDE DE LOS ANTRINES

DOCTOR EN DERECHO CIVIL Y CANÓNICO, LICENCIADO EN ADMINISTRACION, EX-PROFESOR AUXILIAR DE LA UNIVERSIDAD CENTRAL, COMENDADOR DE NÚMERO DE LA REAL Y DISTINGUIDA ÓRDEN DE ISABEL LA CATÓLICA, EX-TENIENTE DE ALCALDE DEL DISTRITO DEL CENTRO DE MADRID, DIPUTADO Á CÓRTES POR SANTÁ FÉ (GRANADA), EX-SECRETARIO PRIMERO DE LA ACADEMIA DE JURISPRUDENCIA Y LEGISLACION, ABOGADO DEL ILUSTRE COLEGIO DE MADRID, SÓCIO HONORARIO DE LA ASOCIAÇAO DOS ABOGADOS DE LISBOA, DE LA SOCIEDAD ECONÓMICA MATRITENSE, DE LA DE ESCRITORES Y ARTISTAS, DEL ATENEO, ETC.

CON UN PRÓLOGO

DEL EXCMO. SR. D. SEGISMUNDO MORET Y PRENDERGAST
*ex-ministro de Hacienda y Ultramar*

### OBRA

que obtuvo el primer premio de los concedidos por la Sociedad
*El Fomento de las Artes* en el concurso de 1872-1874.

**MADRID**
IMPRENTA Á CARGO DE J. J. HERAS
San Gregorio, 5, bajo
**1877**

## OBRAS DEL MISMO AUTOR.

**Un viaje por Abissinia,** traduccion del inglés.

**La libertad de imprenta, el divorcio, el matrimonio civil,** Memoria leida en la solemne sesion inaugural del año 1871-1872 como secretario primero de la Academia Matritense de Jurisprudencia y Legislacion (edicion agotada).

**El Excmo. señor teniente general D. Facundo Infante,** apuntes biográficos.

**Estudios económico-sociales — Las máquinas** (cartas á un obrero), obra que obtuvo el primer premio de los concedidos por la Sociedad *El Fomento de las Artes*, en el concurso de 1872-1874.

### EN PRENSA.

**El Excmo. señor marqués de Valdeterrazo,** ex-presidente del Consejo de ministros, del Congreso de diputados y del Consejo de Estado: apuntes biográficos.

## AL EXCMO. SEÑOR

## D. MANUEL ALONSO MARTINEZ

LICENCIADO EN DERECHO Y CIENCIAS FILOSÓFICAS, PRESIDENTE DE LA COMISION DEL CÓDIGO DE COMERCIO Y LEY DE AGUAS É INDIVÍDUO DE LA DE CÓDIGOS, EX-PRESIDENTE DE LA ACADEMIA DE JURISPRUDENCIA Y LEGISLACION, DE LA REAL ACADEMIA DE CIENCIAS MORALES Y POLÍTICAS, DIPUTADO Á CÓRTES, EX-GOBERNADOR DE MADRID, EX-MINISTRO DE FOMENTO, DE HACIENDA Y DE GRACIA Y JUSTICIA, GRAN CRUZ DE LA REAL Y DISTINGUIDA ORDEN DE CÁRLOS III, ETC., ETC., ETC.

MI RESPETABLE AMIGO: *Ruego á V. me permita dedicarle este modesto trabajo, no por su mérito, del que carece por completo, sino como pequeña muestra de la distinguida consideracion y aprecio que le profesa su respetuoso amigo y atento seguro servidor*

Q. B. S. M.

**El Vizconde de los Antrines.**

Madrid 1.º de Enero de 1877.

# TEMA DEL CONCURSO.

Idea de la máquina bajo el punto de vista económico.—¿Cómo concurre á la obra de la produccion?—¿Qué efectos produce la introduccion de una nueva máquina en la industria?—Pueden ser estos en algun caso perjudiciales á la clase obrera.—¿Hay medios eficaces de evitarlos, caso de que existan?—¿Puede admitirse entre estos medios el de la propiedad colectiva de las máquinas?

## CONDICIONES.

1.ª . . . . . . . . . . . . . .
2.ª . . . . . . . . . . . . . .
3.ª . . . . . . . . . . . . . .
4.ª Las Memorias estarán escritas en castellano y en el estilo más á propósito para la mejor inteligencia del tema entre las clases trabajadoras.
5.ª Es potestativo del Jurado publicar en el periódico de la Sociedad, ya total, ya parcialmente, las obras presentadas á concurso, reservando á sus autores el derecho de propiedad literaria.
6.ª . . . . . . . . . . . . . .
7.ª . . . . . . . . . . . . . .
8.ª Cada autor remitirá con su Memoria un pliego cerrado, señalado en la cubierta con el mismo lema que la Memoria respectiva, y que en la parte interior contenga su firma y expresion de su residencia.
9.ª . . . . . . . . . . . . . .

# DICTAMEN DEL JURADO. [1]

El Jurado nombrado y constituido con objeto de entender en el concurso abierto por la Sociedad científica, artística é industrial *El Fomento de las Artes* para premiar una Memoria sobre el tema acordado de las máquinas bajo el punto de vista económico, con arreglo al programa y á las condiciones establecidas y oportunamente publicadas, tiene la honra de presentarse ante la Sociedad y su Junta directiva, de quien ha merecido la eleccion y nombramiento, á dar cuenta de su cometido y del resultado de su juicio ó calificacion, que ha procurado en un todo acomodar á la justicia, y principalmente á los rectos preceptos de su conciencia.

No tiene para qué ocultar, antes por el contrario, se complace en evidenciarla, la grata impresion que recibieron todos los indivíduos que lo componen al ver la esponta-

---

[1] En prueba de imparcialidad, y para que las personas que lean este modesto trabajo puedan apreciar las razones en que se fundó el Jurado para conceder unos premios y negar otros, insertamos íntegro este dictámen, tal como lo publicó el número 59 de *El Fomento de las Artes*, revista de la Sociedad de este nombre, correspondiente al martes 10 de Noviembre de 1874.

Fuè ponente el distinguido é ilustrado abogado Sr. D. Eduardo Garcia Diaz, catedrático propietario de Economía política.

neidad y concurrencia con que los autores de las Memorias presentadas respondieron á nuestro llamamiento y contribuyeron por su parte á realizar con lucidez este primer certámen en que, á manera de ensayo, se ofrece hoy, como en su dia se ofrecerá seguramente en otros que sean su continuacion por *El Fomento de las Artes*, á la meditacion y estudio de propios y extraños los más importantes problemas sociales y económicos, cuyos términos y solucion agitan tan de contínuo las sociedades, y principalmente en los momentos históricos de crísis y transicion como los presentes, y afectan tan de lleno á la que podemos llamar, valiéndonos de antigua, aunque hoy inexacta frase, *clase trabajadora*.

Un fenómeno extraño á primera vista, aunque natural á poco que se reflexione sobre él, ha tenido lugar en este público concurso, y sobre el cual el Jurado no puede ménos de llamar la atencion de la Sociedad y de los hombres pensadores como ha ocupado la suya: ninguna de las Memorias sometidas á nuestra deliberacion, en las cuales sus autores con generoso afan aducen su razon á la investigacion de la verdad, ni una siquiera de ellas mantiene ni por asomo las dañosas doctrinas, no ya del comunismo osado de los niveladores, sino tampoco el comunismo vergonzante de los colectivistas; ni uno solo de esa falanje de monótonos declamadores y falsos profetas cuyas predicaciones van por fortuna cada vez cayendo en mayor descrédito ha acudido á esta lid de la inteligencia, á este combate sereno de las ideas.

¡Insigne afrenta para esos agitadores y explotadores de la muchedumbre! ¡Explícito reconocimiento de lo absurdo y deleznable de sus quiméricas teorías!

Pero si bien todas las Memorias presentadas convienen en cuanto al fundamento de los principios en ellas sustentados, que son los de la ciencia económica, difieren, como es natural, en el vigor de sus razonamientos, en la abundancia de las ideas, en el sistema con que han sido presentadas y en su mérito literario, del cual no seria justo prescindir absolutamente.

De las cinco presentadas á concurso tres no han podido alcanzar más recompensa, dado su mérito intrínseco y su relacion con las demás, que la de ser honrosamente mencionadas en este *Dictámen:* el Jurado se complace en reconocer la solicitud que por la investigacion de la verdad muestran á porfía en ellas sus autores los levantados propósitos que les animan y el generoso entusiasmo que en las mismas campea. Dignos son de ser estimulados los que á sus nobles aspiraciones acompañan una lucidez de juicio nada comun.

El lema de la primera, mencionadas por el órden de presentacion, dice así:

«*Las barreras que separaban á los pueblos caen hechas pedazos; hasta las distancias desaparecen á impulsos del vapor y la electricidad;*» y el de la segunda «*Consuetudine divinc-*

*tam illam domun tenuiste.*» La tercera se distingue por el título, escrito en la cubierta, de «*Las máquinas, económicamente consideradas.*

Las dos restantes de superior mérito respecto á las anteriores son las que realmente compiten entre sí y las que han merecido de parte de los indivíduos del Jurado especial y detenido estudio. Sirve de enseña á la una el pensamiento de que «*Las máquinas son el símbolo de la libertad humana,*» y la otra lleva por título el siguiente lema: «*El hombre esclavo de la naturaleza al principio, y la naturaleza esclava del hombre despues, mediante las máquinas: tal es la fórmula del progreso en el mundo económico.*»

En ellas se desenvuelve más extensamente la nocion de la máquina, considerada en su aspecto económico; se explica su concurso á la obra de la produccion; se determinan los efectos que produce la introduccion de una nueva máquina en la industria, señalando alguna que en momentos dados puede ser perjudicial en cierto sentido á los trabajadores, aunque beneficioso en otros, examinando los medios más ó ménos eficaces ideados para evitar ó reducir aquel inconveniente, y entre ellos se analiza el de la propiedad colectiva, sustentado por cierta escuela económico-política.

Todos los extremos, en fin, comprendidos en el programa acordado por el Jurado han sido objeto del estudio de los autores de estas dos Memorias, pensadas con acierto y redactadas sin vulgaridad.

Mas si á pesar de esto, teniendo en cuenta la semejanza de ambas producciones, el Jurado, que ha procurado proceder de la manera más justa y adecuada posible, ha convenido por unanimidad no conceder á ninguna de ellas el premio señalado en las condiciones estipuladas para la celebracion del concurso, y ha tenido para ello una decisiva razon que en vez de rebajar enaltece dichas obras y revela al mismo tiempo la escrupulosidad de nuestro fallo. Dada la casi identidad que entre ellas existe, y la escasa diferencia que las separa, hubiera resultado una desproporcion contraria abiertamente á la equidad entre la distancia que hay de un accésit al premio y del mérito de una Memoria al de la otra, de haber hecho aplicacion de estas calificaciones concediendo dichas recompensas.

Semejante desigualdad, tan poco equitativa seguramente, ha sido salvada otorgando *un primer accésit* á la Memoria en cuya cubierta se lee «*Las máquinas son el símbolo de la libertad humana,*» y un segundo á la que lleva el lema de «*El hombre esclavo de la naturaleza al principio, etc.,*» considerando que en aquella hay más vigorosa argumentacion, erudicion más vasta y estilo más acomodado á la sencillez del obrero, á quien su autor se dirige expresándose en forma epistolar.

Tal es el juicio que han merecido á los indivíduos que suscriben las Memorias de que queda hecha señalada mención presentadas á concurso, y las recompensas otorgadas por el Jurado en nombre de *El Fomento de las Artes* á los autores de las mismas.

Madrid 31 de Enero de 1874.—José Hilario Sanchez, *Presidente de la Sociedad.*—Segismundo Moret y Prendergast, *Catedrático de la Universidad central y ex-ministro de Hacienda y Ultramar.*—Antonio Romero Ortiz, *Ex-Ministro de Gracia y Justicia.*—Gabriel Rodriguez, *Catedrático de Economía política en la Escuela de ingenieros civiles y Subsecretario de Hacienda.*—Manuel Merelo, *Ex-Director general de Instruccion pública y Subsecretario de Estado.*—Eduardo García Robles, *Inspector general de cátedras de la Sociedad.*—Enrique Santana, *Abogado.*—Federico Stern, *Abogado.*—Manuel Suarez, *Doctor en filosofía y letras.*—Jesús Muñoz y Rivero, *Vocal sócio.*—Manuel Telesforo Monge, *Vocal sócio.*—Juan Nuñez, *Secretario.*

Acto seguido el Sr. Presidente de la Sociedad procedió á la apertura de los pliegos cerrados que aparecian premiados segun el precedente dictámen del Jurado, y á la inutilizacion de los demás.

Abiertos los pliegos resultaron ser autores: de la Memoria cuyo lema era «*Las máquinas son el símbolo de la libertad humana,*» premiada con *primer accésit*, el Sr. D. Ulpiano Gonzalez de Olañeta, vizconde de los Antrines; de la premiada con *segundo accésit*, cuyo título era «*El hombre esclavo de la naturaleza al principio, y la naturaleza esclava del hombre despues, mediante las máquinas: tal es la fórmula del progreso en el mundo económico,*» el Sr. D. Vicente Santamaría de Paredes.

# PRÓLOGO.

El estudio sobre las máquinas que *El Fomento de las Artes* publica como premio al excelente trabajo del señor vizconde de los Antrines es un libro destinado especialmente á los obreros. Este es su rasgo distintivo y su más valioso carácter.

*El Fomento de las Artes*, modesta asociacion de obreros que fundada en 1859 ha resistido á las revoluciones y á las reacciones, y prosigue constantemente el elevado objeto de proporcionar fácil educacion y apropiada enseñanza á las clases obreras, concibió la utilidad que para ellos resultaria de poder conocer en una forma práctica sencilla y al alcance de sus medios de instruccion y hasta del tiempo que á ella pueden consagrar las ventajas que ha producido la maquinaria moderna y el valor que se debe dar á los argumentos con que muchas veces se han atacado las máquinas, argumentos que han servido alguna vez de pretexto para perturbar el órden social.

Que la idea era oportuna y práctica, no hay por qué decirlo.

Es cierto, y la idea gana terreno cada dia, que la máquina ofrece por sí misma tales ventajas que todo el mundo desea verla introducida y aplicada; pero no es ménos exacto que frecuentemente la introduccion de cierta clase de máquinas trae consigo perturbaciones en el órden económico que, aun cuando momentáneas, se hacen sentir tanto más severamente, cuanto que sus víctimas son personas desvalidas é inocentes y de aquellas que más sufren por las consecuencias de estos cambios. Y cuando esto sucede es natural que se agite esa clase llamada obrera que por su número y por sus condiciones es más impresionable que otra alguna, y que los estremecimientos que sus alarmas producen lleguen á trasmitirse á toda la sociedad. La explicacion es demasiado natural y las consecuencias demasiado lógicas para que sea lícito condenar sin apelacion estos hechos en el terreno de la ciencia, ó reprimirlos sin piedad en el terreno de la práctica.

Ni seria justo tampoco culpar la ignorancia de los obreros, cuando hace todavía pocos años que una autoridad, la más elevada en la provincia de su mando, prohibia la introduccion de los usos mecánicos y cerraba así el camino del progreso para las mismas clases industriales.

El autor, estudiando estos hechos con todo el detalle, y dándoles toda la importancia que merecen, hace el gran servicio á las clases trabajadoras de explicarles no sólo las ventajas y los bienes que las máquinas traen, sino el más señalado aún de poner de manifiesto los males, aunque pasajeros, que pueden engendrar, y de facilitarles con prudentes consejos y con buenas doctrinas el medio de prevenirlos y la manera de remediarlos, y bajo este punto de vista su libro toma la importancia de un estudio social cuyas lecciones y enseñanzas son aplicables á los capitalistas como á los obreros y á los gobernantes como á los gobernados.

Una introduccion que prepara al lector al conocimiento de aquellos términos de la ciencia económica que necesariamente han de entrar en el estudio de la cuestion sirve en este libro como de cartilla ó epítome económico, cuya utilidad ha de ser muy grande para los que con atencion recorran sus páginas. El autor ha pensado con exactitud que no seria posible explicar con claridad las relaciones del capital y el trabajo, que no es otra cosa en último término el problema de las máquinas, sin explicar antes cuáles son las leyes que presiden á estas relaciones, qué se entiende por capital y qué por trabajo, y cuál es, en fin, el carácter general de la ciencia económica que se ocupa de todos estos problemas.

Dirigiéndose á un público ya preparado para los estudios económicos, estos preliminares parecerian ociosos; pero escribiendo para clases no iniciadas en el conocimiento científico, y ansiosas al propio tiempo de llegar á la verdad, una introduccion de este género era completamente indeclinable.

Cuando el lector se ha familiarizado, pues, de una parte con los términos científicos, y de otra ha visto funcionar el mecanismo de la vida económica, es fácil y sencillo seguir el razonamiento con que el señor vizconde de los Antrines explica lo que es la maquinaria. Este nombre, en realidad, comprende en su nocion vulgar, como en su concepto científico, á todos aquellos medios ó instrumentos que el instinto enseña á los hombres á emplear para ayudarse en las operaciones del trabajo. Desde la grosera azada con que el salvaje procura abrir la tierra para formar en ella su choza, hasta la complicada máquina de perforar que ha hecho los túneles del Mont-Cenis; desde la tosca cuerda fabricada con raíces y filamentos que emplea el hombre primitivo para arrastrar un objeto, hasta la locomotora que hoy conduce con vertiginosa rapidez viajeros y mercancías, hay seguramente una gran distancia, pero no una diferencia real en cuanto á la esencia del fenómeno. Multiplicar la fuerza material disminuyendo la pena física; conseguir por medio de la inteligencia que las fuerzas de la naturaleza reemplacen el limitado esfuerzo de nuestros músculos, esto y no otra cosa es inventar una máquina. Por eso su descubrimiento y su progreso pertenece á todos los tiempos, es de todas las épocas y se realiza constantemente y á cada paso áun sin darnos cuenta de ello. Lo que llamamos las grandes invenciones son seguramente el resultado de un estudio profundo y detallado hecho por hombres de ciencia; pero su primitiva idea, su invencion han nacido de ese constante esfuerzo de la inteligencia humana para aminorar la pena y aumentar el resultado. A fuerza de repetirse es ya vulgar el recuerdo del niño Potter, que encargado de abrir las válvulas de una máquina de vapor, y ansioso de ir á jugar con sus compañeros, discurrió el modo de sustituir la accion misma del vapor á su trabajo personal. Este descubrimiento empezó por economizar el penoso trabajo del niño, obligado á abrir y cerrar diez veces por minuto las válvulas de la máquina, y perfeccionado despues por Bughton ha venido á ser uno de los más útiles complementos de la máquina de vapor.

La vida entera del célebre ingeniero Stephenson es un ejemplo aún más patente de esta ley general de las invenciones. Stephenson, hijo de un pobre constructor de máquinas de New-Castel, halló en la observacion y en el estudio de su penoso trabajo el estímulo y la ocasion de realizar los más grandes progresos quizás que el siglo actual registra y de elevarse á la más alta categoría entre los ingenieros modernos.

Planteada así la cuestion, cuanto más se la generalice más fácil será hacerla comprender á aquellos que toman un interés directo en estos asuntos. Así, pues, y siguiendo las ideas que en este libro se emiten, no se habrá de llamar máquina al aparato, al instrumento ó al útil, sino á todo aquello que produzca el mismo resultado por idénticos medios, es decir, lo mismo al martillo ó al torno que á los procedimientos industriales ó aquellos mecanismos que den por resultado la disminucion de la pena, del esfuerzo ó del peligro y aumentar el resultado del trabajo. Así, por ejemplo, la manera de preparar las vertientes de las montañas para que puedan deslizarse por ellas los árboles corpulentos que de otro modo no tendrian salida, y poder bajar sin destrozarse á las corrientes de los rios, desde donde más tarde se conducen á los puertos de mar, ha venido á convertir en un arte la pobre industria del leñador, á ahorrarle una gran fatiga y un peligro cierto y á hacer posible en las comarcas del Norte de Europa, en las crestas del Pirineo y en las alturas de los Alpes la explotacion de arbolado nacido en sitios inaccesibles.

En otro órden de hechos, los progresos del arte del ingeniero haciendo posible el sistema de acueductos subterráneos, de canales por donde se deslizan las aguas inmundas y de túneles por donde circulan locomotoras y trenes que de otra manera no podrian hacer el servicio de las grandes ciudades como Lóndres ó Nueva-York, han traido á la generalidad un número de comodidades, unas condiciones de higiene ó una baratura en la vida que hubiera sido imposible de otra manera.

Examinada, pues, la cuestion bajo este punto de vista genérico, separando la atencion un momento de los hornos de fundicion, de los telares mecánicos y de todos aquellos artefactos ó aparatos que han podido en un momento dado presentarse como enemigos del obrero porque dejaban á un número de ellos sin trabajo y sin ocupacion, el gran argumento contra las máquinas desaparece por completo, y los hechos y datos que en este libro se encuentran son suficientes para probarlo. Baste recordar que desde la introduccion de la maquinaria de vapor, la clase obrera de Liverpool que vive de la industria del algodon se ha desarrollado en la proporcion de 7 á 48, en un espacio de 46 años; baste saber por los datos más vulgares de la estadística que la verdadera clase obrera ha nacido y se ha desarrollado en este siglo en que la mecánica permite emplear por millones los brazos que antes no tenian ocupacion, para quedar convencidos de que la máquina es la verdadera amiga del obrero y que para aquel que ha de vivir de su trabajo material y que ha de depender de su esfuerzo nada hay superior á encontrar esos elementos de la naturaleza que se han llamado nervios de hierro y acero movidos por alientos de vapor, que trabajen por él, que por él sufran y giman y que le permitan obtener en una hora de trabajo un resultado que excede los límites de cuanto se hubiera podido concebir. ¡Qué distancia desde el esclavo atado á la rueda del molino, al molinero cuidando del artefacto puesto en movimiento por la caida del agua!

Bastiat ha escrito que una de las maneras más seguras de descubrir la verdad ó el error de una proposicion cualquiera consiste en generalizarla, porque dando proporciones á sus términos el error que por pequeño se escapaba al entendimiento se hace visible y condenable, y la verdad que podia parecer poco demostrada se presenta en todo su esplendor. Aplicando este raciocinio á la cuestion tratada en este libro, se verá que con sólo generalizar el sentido de la palabra *máquinas* el grande argumento empleado contra ellas se desvanece, porque todos aquellos dispuestos á admitir que las máquinas dejan sin trabajo siquiera sea momentáneamente á los obreros dejarán de emplear este argumento pensando en las infinitas máquinas, de las cuales no se puede decir semejante cosa. Nadie dirá, por ejemplo, que el martillo, la sierra, el hacha y tantos otros útiles dejan sin trabajo al obrero, y en otro órden de ideas nadie lo ha pensado tampoco del telégrafo eléctrico ó de la máquina de fotografiar.

Si además se analizan con imparcialidad los hechos, se verá que el trabajo, ni áun en los casos en que por la introduccion de una maquinaria varía de aplicacion, se encuentra en realidad reducido. M. Horn ha hecho observar que el establecimiento de la inmensa red de ferro-carriles que cubre la Inglaterra, lejos de abaratar, como parecia natural, los precios de los caballos, los ha aumentado hasta tal punto que en 1873 el Parlamento ha debido ocuparse de esta cuestion. La fuerza de traccion del vapor, sustituyéndola á la fuerza animal, ha venido por la gran armonía de las leyes de la naturaleza á multiplicar el valor de la fuerza de traccion animal, que parecia destinado á disminuir. Las máquinas ademas en sí mismas exigen para su propia fabricacion un número tal de obreros que ellas por sí solas representan el centro de un nuevo empleo del trabajo. La industria de la maquinaria en Paris, por ejemplo, empleaba en 1861 más de 9.000 obreros, cifra que se elevaba á 183.000 para toda la Francia. Que se piense, por otra parte, en el inmenso capital empleado en la construccion de los caminos de hierro, del cual una mitad cuando ménos ha sido gastado en salarios de los obreros, y se verá, bajo otro punto de vista, la falta de fundamento de los que acusan á las máquinas de dejar sin ocupacion á los que viven de su trabajo.

A pesar, sin embargo, de todas estas consideraciones, es indudable que la introduccion de cierta clase de máquinas puede producir en un momento dado y en ciertas localidades un cambio y por consecuencia un desórden en el empleo de los obreros, y puede muy bien ocurrir que alguno se quede momentáneamente sin trabajo, que otros se vean forzados á cambiar de ocupaciones y que estos cambios produzcan sufrimientos en sus familias. Estos inconvenientes, aunque reducidos hoy en el mundo á proporciones muy pequeñas, existen y basta que puedan presentarse para que merezcan la atencion del economista.

El autor de este libro ha hecho perfectamente en fijarse en este extremo y en despertar en el espíritu de los obreros la prevision de estos males, que es la única manera segura de curarlos. El obrero puede sufrir las consecuencias de la máquina como sufre las consecuencias de las crísis, de la pérdida de una cosecha, de las guerras, de las epidemias y de los trastornos sociales. Necesitando vivir de su salario, y dependiendo, por tanto, de una ocupacion constante y diaria, cualquiera perturbacion que la interrumpa, cualquiera causa que le impida trabajar, ya sea esta causa general é independiente de su voluntad, como las indicadas, ya particulares, como las que provienen de sus defectos personales ó de su falta de moralidad, deben estar presentes en su ánimo para tratar en cuanto le sea posible de prevenirlas.

Pero al mismo tiempo que el obrero deben ejercitar esa prevision el fabricante, el empresario y el capitalista, que teniendo necesidad del trabajo están interesados en hacer que este trabajo sea inteligente, eficaz y permanente. Estas ideas, por fortuna, se generalizan más cada dia, y así como los obreros buscan, empleando los dos grandes medios que han sido puestos á su alcance, el ahorro y la asociacion, hacer frente á esos accidentes que pueden destruir su frágil existencia ó su modesto bienestar, así tambien los empresarios que tienen alguna idea del valor del trabajo deben buscar por todos los medios posibles el mejorar las condiciones de sus obreros y darles los medios de aprovechar los dias de prosperidad y de prever los males de la adversidad, y puede decirse á este propósito que el interés de los empresarios es mayor aún que el de los obreros. Muchas pruebas podrian aducirse en apoyo de este aserto, pero aquellas saldrian fuera del cuadro del libro y de nuestros propósitos. Basta sólo recordarlas en principio y citar una vez más las construcciones obreras y la série de reformas introducidas por la familia Dolphus en Mulhouse, la organizacion de las grandes fundiciones del Creussot y el gran movimiento que hoy se opera en Inglaterra entre los propietarios territoriales para dar á los obreros agrícolas, hasta ahora los más olvidados y atrasados, condiciones de mejora y de progreso, sobre todo bajo el punto de vista de la vivienda en el campo.

El progreso natural de nuestro tiempo eleva é identifica al obrero con el empresario, habiéndose convencido entrambos de que sus intereses son tan armónicos que el beneficio del uno no se puede obtener en términos generales sino con el provecho del otro.

Esta consideracion nos lleva por sí misma á los otros dos puntos de vista que se encieran siempre en la cuestion de las máquinas, á saber: la condicion moral y la condicion material del obrero.

A las máquinas se acusa de embrutecer al obrero, y se las acusa tambien de destruir su vida; pero seria difícil encontrar dos acusaciones más infundadas y contra las cuales se eleve mayor número de hechos, porque si la máquina sustituye la fuerza material bruta del obrero y pone al servicio de su inteligencia las poderosas é incansables fuerzas de la naturaleza, claro está que por este solo hecho produce dos resultados: primero, dar mayor valor á su inteligencia, esto es, á su parte moral; segundo, disminuir sus sufrimientos, esto es, economizarle penas y fatigas. En vano será citar algunos hechos aislados para probar los sufrimientos que las máquinas imponen á cierta clase de obreros. Estos sufrimientos se encuentran en todas partes, son una consecuencia de nuestra condicion humana, y áun en cuanto á las máquinas se refiere ellas son las que los corrigen. Se ha hablado, por ejemplo, de los niños que ocupaban una posicion horrible en ciertos telares, pero el defecto se ha corregido tan pronto como ha sido conocido. Se ha hablado del que pasa la vida haciendo puntas de alfileres ó empleado en trabajos mecánicos que embrutecian su inteligencia, pero este argumento no tiene valor ninguno si se le examina de cerca.

En primer lugar, la observacion más sencilla prueba que la ocupacion material no es la que desarrolla ó retrasa la inteligencia. Nadie más libre, nadie más desahogado, nadie más en contacto con las bellezas de la naturaleza que el pastor de nuestras montañas, y sin embargo, ninguna clase de trabajadores está más baja en el nivel intelectual.

En segundo lugar, el obrero condenado á esas funciones mecánicas no ejecuta trabajo más material y grosero que el que pasa su vida llevando espuertas de tierra ó serrando madera en un taller.

En tercero, se ha observado que la vista de los procedimientos mecánicos y las nociones que el espíritu del obrero aprende con la vista diaria y la experiencia de las máquinas le prepara más rápidamente que ninguna otra ocupacion industrial, y que por eso los obreros en las manufacturas progresan más rápidamente y se elevan en la escala industrial más pronto que los jornaleros en el campo. Y siendo esto exacto, el obrero condenado á un trabajo mecánico como el que se cita puede bien pronto salir de él ó adquirir en su ejecucion tal habilidad que por el aumento del salario le compense lo enojoso de la ocupacion. (1)

Pero todos estos argumentos, en nuestro sentir, son ménos eficaces, son ménos elocuentes que el hecho mismo que resulta de anali-

---

(1) Hace algun tiempo visitaba yo por vez primera los grandes establecimientos industriales del Creussot. La realidad excedia á cuanto yo me habia imaginado. Yo ví allí nacer, ante mis propios ojos, masas enormes, ejes de 10.000 kilógramos redondearse bajo el golpe de martillos de peso equilibrado, los rails estirarse como blanda pasta entre los laminadores, y en dos minutos, con reló en mano, la masa enrojecida convertirse en ruedas de wagones. ¡Qué espectáculo para los ojos de un espectador novicio! Y sin embargo, señores, ¿sabeis lo que en medio de aquellas maravillas llamó más mi atencion? Pues no fué la pequeñez del hombre, sino su grandeza; no el poder de aquellas temibles máquinas, sino el de su amo. Yo leia en ellas el testimonio sublime que la materia domada ofrece á la inteligencia y á la energía humana. Yo admiraba la energía, la habilidad, la viveza, la prontitud, la perseverancia que suponen y que imponen todos esos trabajos. Era el mes de Julio; el calor sofocaba áun al aire libre y á la sombra, y sin embargo, ni uno solo de aquellos hombres, moviéndose en una atmósfera de fuego, trataba de sustraerse á su tarea ó daba muestras de fatiga. El hábil director del Creussot, M. Schneider, me lo hacia observar con legítima satisfaccion. «Hace falta tiempo, me decia, para llegar á formar hombres de esta especie, y sólo las máquinas pueden formarlos. El hombre que labra la tierra siguiendo el paso de sus bueyes piensa lentamente al compás de sus movimientos; el que trabaja con el vapor piensa á prisa y se mueve rápidamente, y para mantenerse al nivel de su mision, y para ser siempre dueño de su propia obra, se hace más fuerte, más rápido, más enérgico que la máquina de la cual se sirve.» La observacion era perfectamente exacta; la inteligencia como la mano se coloca al nivel de su propia obra, y cuando, por ejemplo, el encargado de batir acero sigue los movimientos del martillo que golpea las barras que él estira, no es sólo su cuerpo, es tambien su inteligencia la que realiza un prodigio.—Federico Passy: *Lecciones de Economía política*, dadas en Montpellier en 1862, leccion 23, pág. 261, tomo 2.°

zar en conjunto el progreso, la vida y la animacion que existe en todos los centros industriales y que no se encuentra en los países más ricos consagrados á la agricultura, caractéres que provienen de la asociacion, de la gran aglomeracion que la maquinaria ha provocado, y en virtud de la cual se han hecho posibles un sin número de cosas que antes no existian y que sin la maquinaria no seria posible crear. Las escuelas de todo género, las construcciones baratas, las Cajas de ahorros, los establecimientos de prevision, las casas para los niños, los retiros para los ancianos, las sociedades cooperativas, todos estos progresos, en fin, de la época moderna hubieran sido absolutamente imposibles sin la asociacion, sin la reunion de esas grandes masas que la maquinaria moderna evoca rápidamente donde quiera que se establece.

En las páginas de este libro abundan los ejemplos de estos crecimientos y progresos de la clase obrera. Aquellos de sus lectores que estén algo familiarizados con la vida política deberán añadir á ellos la influencia y la importancia que la clase obrera va tomando en el gobierno de los pueblos y que se traduce despues en los países bien organizados por constantes reformas, por preocupaciones asíduas y bienhechoras de los poderes públicos acerca del estado de las clases obreras. Este solo hecho, que ha venido á dar una parte del poder público á las clases obreras, que las ha llamado á intervenir en la direccion de la vida social, bastaria por sí solo para purificar á las máquinas de los defectos que han acompañado su nacimiento y que siguen algunas veces en desarrollo, porque sin ellas la clase obrera estaria todavía sumida en el triste estado en que el siglo XVIII la dejó, y no habria realizado en sesenta años de este siglo progresos mucho mayores que en todos los anteriores de la historia, si se exceptúa el realizado con la abolicion de la servidumbre, debido al Evangelio cristiano.

El bello trabajo de Bastiat, que el autor reproduce, y que no será excedido en claridad y en buen sentido, lleva la conviccion al ánimo de los más preocupados. Si la máquina, ó mejor, cierta clase de máquinas, puede en un momento dado traer como todos los hechos humanos inconvenientes y males, el progreso general que las máquinas trae compensa con exceso el mal pasajero que producen. La armonía profunda de las leyes de la naturaleza hace que el mal producido en algun punto se redima con el bien universal.

De igual manera y con razonamientos análogos podria discutirse la mejora traida á las clases obreras por la maquinaria, bajo el punto de vista de la duracion de su vida. La vida media de las clases obreras es hoy mucho mayor que lo era hace años, y tiende á mejorarse cada dia; pero es indudable que bajo este punto de vista hay que hacer mucho todavía. Las máquinas crean los elementos de progreso, pero á los pueblos y á sus Gobiernos toca el hacerlos prosperar y dar sus resultados.

No ya solamente por la introduccion de la maquinaria, sino por esa concentracion general que es característica en nuestros dias, por la grande aglomeracion de las ciudades y villas, las condiciones de higiene requieren cada dia una vigilancia más especial. Madrid mismo es un ejemplo de ello, y áun cuando en nuestra capital no hay grandes aglomeraciones de obreros es innegable que la higiene pública está completamente abandonada. Estadísticas que no han sido áun publicadas, y que asustarian si se diesen á luz, prueban que Madrid tiene casi todos los años alguna enfermedad que toma carácter epidémico, y que las fiebres eruptivas ó tifoideas han alternado en los últimos años con el cólera en la obra de destruccion y de empobrecimiento de nuestra poblacion. Sabido es que todas estas plagas sociales castigan más duramente á los más débiles, y por consecuencia que las clases obreras sufren más cruelmente que ninguna otra las consecuencias de esta negligencia ó de este abandono social. De poco sirve que la máquina dé al obrero los medios de armonizar sus fuerzas y de robustecer su salud y la de su familia si los gérmenes de corrupcion moral y física que las grandes aglomeraciones crean no se destruyen, si no se purifica la atmósfera infestada por los que en ella respiran. Inútil es que la vida media se prolongue si las enfermedades y las epidemias han de tender por el suelo una gran parte de las existencias creadas por aquel progreso.

Y todo lo que á esto se refiere corresponde directamente á la accion de los Gobiernos.—Leyes sobre la policía del trabajo, condiciones de salubridad en las fábricas, de higiene en las poblaciones, de órden y de tranquilidad en todas partes son elementos indispensables para el progreso de las clases obreras y esenciales en las condiciones de vida que las máquinas les han creado. Por eso es en ellas derecho sagrado el reclamarlas y en los gobernantes obligacion estrechísima el otorgárselas y deber muy estricto el vigilar para que la accion social siga de cerca á las necesidades de todos en general, y de las clases más necesitadas en especial.

El autor de estas *Cartas* no ha descuidado el dar á su trabajo el carácter moral y social que de estas consideraciones se desprende. Adelantándose á una necesidad sentida desde hace tiempo entre nosotros, respondiendo al llamamiento que á todo corazon inspirado en generosos sentimientos hacen los sufrimientos de las clases desvalidas, ha dado un ejemplo tanto más de elogiar porque es ménos frecuente: el de poner sus conocimientos, su trabajo, su tiempo al servicio de una causa que, aunque simpática, no encuentra siempre sinceros defensores, áun cuando no le falten interesados consejeros. Su voz será seguramente oida, su libro no habrá sido estéril y el ejemplo de un jóven que, ocupando una alta posicion y disponiendo de una fortuna, busca empleo á su actividad en el noble propósito de educar y mejorar la situacion de las clases obreras, obtendrá sin duda la mejor recompensa, el de ser imitado.

Si *El Fomento de las Artes* ha obtenido, pues, un fruto de sus esfuerzos, el autor merece compartir con él un sincero y entusiasta elogio.

Madrid 10 de Diciembre de 1875.

**Segismundo Moret y Prendergast.**

# CARTAS Á UN OBRERO.

## CARTA PRIMERA.

Sumario.—Introduccion.—Economía política.—Es ciencia.—Su importancia.—Objeto y fin.—Utilidad de su estudio para las clases obreras.

**Sr. D. N. N.**

Madrid 1.º de Diciembre de 1872.

> El que tenga verdaderos sentimientos de humanidad, ¿cómo podrá desentenderse de estudiar las leyes por las que se arregla la suerte de los pueblos?
> (Florez Estrada.)

Estimado amigo: Con tanta sorpresa como verdadero disgusto he leido su apreciable última, en que me noticia los alborotos, disturbios y hasta desmanes ocurridos en la fábrica de los Sres. de...., donde ordinariamente trabaja, cuyo orígen, segun V. me dice, no ha sido otro que la introduccion de una nueva máquina recien llegada de Inglaterra. Sorpresa y disgusto he dicho, que una y otro tienen que causar á todo buen español el atraso intelectual y moral en que se encuentra nuestra querida y desgraciada pátria.

Con este motivo V., modesto, pero inteligente obrero, que dedica sus ratos de ócio al estudio, no olvidando, sin duda, que alguien ha dicho que la instruccion es el más firme sosten de la libertad, me pide que le escriba algo sobre las máquinas, que aunque asegura no participa de la opinion de sus amotinados compañeros respecto de ellas, paréceme le queda algun temor sobre la utilidad é importancia que tienen para la industria, y sobre todo para los obreros.

Pláceme sobremanera la cuestion, y pláceme más su deseo de instruirse, digno de ser imitado por sus compañeros de trabajo, sintiendo tan solo que en esta ocasion haya escogido tan mal el medio de ilustrarse dirigiéndose á mí que, pobre obrero tambien de la inteligencia, escasa es mi instruccion y nulo mi talento; pero la voluntad y el buen deseo suplirán en cuanto sea posible la carencia de esas condiciones.

Como tambien me dice, honrándome con ello, que estas pobres cartas serán leidas, no sólo por V., sino por algunos de sus compañeros que le han manifestado este deseo, cúmpleme antes de empezar hacerles una advertencia. Esta es que la política, que desgraciadamente todo lo invade en nuestra pátria, no ha penetrado ni puede penetrar en estas modestas epístolas; es decir, que entre sus obreros oyentes puede haber carlistas, moderados, unionistas, conservadores, radicales y republicanos, que, como la verdad sola una puede ser en todo tiempo y lugar y bajo todos los cultos y todas las formas de gobierno, todos, cualesquiera que sean sus opiniones políticas, tendrán que admitir, si piensan y meditan, las conclusiones que les presente por la poderosa razon de ser exactas, ciertas y verdaderas.

Por mi parte yo tambien les prometo olvidar por un momento las mias, que, aunque no participe de la opinion de Girardin, que decia que la política era al alma lo que la calentura al cuerpo, que lo enferma, aniquila y mata, porque creo con Mirabeau que todo es excusable ménos el indiferentismo en los negocios públicos, en la presente ocasion sólo perjuicios nos produciria el aplicar á una cuestion científica el criterio exclusivo de un determinado partido político.

Como quiera que las máquinas son una cuestion económica, que entran de lleno en el vasto campo de esta ciencia, y han sido y son economistas sus muchos y ardientes defensores, como sus escasos y débiles impugnadores, me ha de permitir V., como sus amables compañeros, por via de introduccion ó preliminares á la cuestion que tratamos de dilucidar, me ocupe en esta carta de decirle algo en general de esta ciéncia que sirva como de base y cimiento á las consideraciones, argumentos y conclusiones que he de tener el gusto de someter á su recto y honrado juicio. Haré esto, pues, brevemente y sin olvidar un momento que á laboriosos y honrados obreros me dirijo.

La Economía política, cuya palabra se compone de tres nombres griegos, δικας, νομος, πολις, que significan casa, ley, ciudad, y reunidas dicen leyes de la casa política (1), es,

---

(1) Tratado de la Economía política, por Juan Bautista Say, nota 1.ª del discurso preliminar.—M. Dalloz, resúmen histórico y teórico de la ciencia económica, introduccion.—Sobre el orígen de la palabra Economía, véase el curioso artículo de M. Joseph Garnier en el *Journal des Economistes*, núm. 135 y 136, páginas 300 y siguientes del tomo 32 y 11 y siguientes del tomo 33.

segun la definicion (1) más generalmente admitida (2), la ciencia que trata de la produccion, circulacion, distribucion y consumo de la riqueza. No siempre se la ha llamado así, sino que tambien ha merecido el de ciencia del *valor crematístico, ciencia diviciaria, plutonomía, cattaláctica, crisología, funología,*

---

(1) De M. Say en su tratado de Economía política, aunque más tarde la corrigió en su segunda obra titulada *Curso completo de Economía política práctica*, Paris 1852, introduccion, pág. 4, dice que esta ciencia alcanza á todo en la sociedad, que abraza el sistema social entero.

(2) No están conformes los economistas en dar una definicion de la Economía política. Pondremos varias de las principales. Adam Smith la circunscribe al estudio de los principios y de los hechos relativos á la formacion de la riqueza nacional. Mac-Culloch (*Principles of political Economy*, introduccion), tomo 4.º, dice: «La ciencia de las leyes que arreglan la produccion, la distribucion y el consumo de las cosas, que poseen un valor permutable y que son al mismo tiempo necesarias, útiles y agradables al hombre.» Michel Chevalier (*Curso de Economía política*, tomo 2, pág. 34), dice: «La Economía política enseña cómo se crean, se desarrollan y se organizan los intereses materiales.» Sismondi (*Nuevos principios de Economía política*), dice: «La Economía política tiene por objeto el bienestar físico del hombre en cuanto puede ser obra de su gobierno.» Henry Storch (*Curso de Economía política*, con notas de M. Say), dice: «La ciencia de las leyes naturales que producen la prosperidad de las naciones, esto es, su riqueza y su civilizacion.» M. Molinari (*Curso de Economía política*), dice: «La Economía política es la ciencia que describe la organizacion de la sociedad; cómo ésta se constituye, funciona, prospera ó perece; por qué mecanismo llega la subsistencia á cada uno de sus miembros; en qué condiciones y con el auxilio de qué agentes se produce esta subsistencia compuesta de elementos tan diversos y destinada á proveer á tan diversas necesidades; qué leyes naturales presiden á su distribucion entre todos los que concurren á producirla; es la descripcion del mecanismo de la sociedad, en una palabra, una anatomía ó fisiología sociales. M. Proudhon (*Sistema de contradic-*

*technonomía* y otros que no han sido admitidos ni por la ciencia ni por el uso, adoptándose por fin el de Economía política, denominacion que, segun Rossi, es poco feliz, pero que expresa quizás mejor que otra alguna el objeto y fin de la ciencia.

La Economía política, ¿es ó no verdadera ciencia? Cuestion es esta que nos llevaria demasiado lejos de nuestro propósito y que, por ageno además al objeto de esta carta, renunciamos con sentimiento á tratarla; pero digamos, sin embargo, que para nosotros esto no es cuestionable, pues si para reconocer la existencia de una nueva ciencia es necesario que en ella veamos una unidad su-

---

*ciones económicas*, cap. 1.º, párrafo 1.º), dice: «La Economía política es la coleccion de las observaciones hechas hasta hoy sobre los fenómenos de la produccion y la distribucion de las riquezas, es decir, sobre las formas más generales, más espontáneas y por consiguiente más auténticas del trabajo y del cambio. De autores españoles citaremos á Florez Estrada (*Curso de Economía política*, tomo 1.º, cap. 1.º, pág. 44), que dice: «Es la ciencia que trata de las leyes por las que se arreglan la produccion, la distribucion, los cambios y el consumo de la riqueza.» El Sr. Carballo (*Curso de Economía política*, leccion 3.ª, pág. 12), dice: «Es la ciencia de la industria ó la filosofía del trabajo en la variedad infinita de sus aplicaciones.» Por último, el Sr. Colmeiro acepta la definicion primera de M. Say.—Véase la obra de M. Malthus, con notas de M. Monjean, titulada *Definiciones en Economía política*, y la discusion habida en la Sociedad de Economía política de Francia el 30 de Mayo de 1853 sobre la definicion de la Economía política, en la que tomaron parte tan distinguidos economistas como los Sres. Dunoger Seclerc Chevalier, Say (Horace), Fontenay y otros.

perior, un conocimiento perfecto de fenómenos ó de relaciones conocidas, un estudio, una observacion atenta y una explicacion de los mismos, para que formando un cuerpo completo de doctrina pueda y deba ser aplicado, preciso será confesar que la Economía política es ciencia. La ciencia y el arte se distinguen (1), y la Economía, sin dejar de ser la primera, tiene tambien mucho del segundo. (2) La Economía política, como otras ciencias, como la astronomía, la física, como todas las hoy admitidas, ha principiado por la observacion de hechos, ha investigado luego sus causas, ha sorprendido más tarde las reglas y establecido las leyes á que necesariamente, salva siempre la libertad del hombre, obedece el mundo con relacion á la produccion y trabajo; en una palabra, despues de contemplar *lo que es*, ha estudiado los principios inmutables que prescriben *lo que debe ser*.

---

(1) M. Destutt de Tracy (*Elements d'ideologie II partie*, introduccion) dice «que el arte es la coleccion de máximas ó preceptos prácticos, cuya observacion conduce á hacer con éxito una cosa, cualquiera que ella sea, y la ciencia consiste en las verdades que resultan del exámen de un sugeto cualquiera.» Es decir, que el arte aconseja, prescribe, dirige, y la ciencia observa, expone, explica.—Véase *Diccionario de Economía política*, de M. Coquelin, tomo 1.°, art. 2.°, pág. 646.

(2) Cárlos Coquelin, artículo antes citado.

Conviene, sin embargo, advertir que muchas veces al lado de la ciencia que podriamos llamar pura, tal como la exponen Smith, Say, Ricardo y Rossi, encontramos tratados especiales que resuelven ciertas cuestiones de la industria y aconsejan reglas y aplicaciones propias sólo del arte; pero esta mezcla de ciencia y arte, verdadera confusion en algunos casos, procede más bien de la juventud de la ciencia, que, como dice un autorizado escrito (1), no ha tenido tiempo todavía de desembarazarse del arte ó artes que nacen de ella.

Más cuestionable que esto ha sido para los economistas el señalar á esta ciencia un objeto y fin determinado y una extension y límites propios, pues aunque en general puede decirse que, como todas las ciencias, su fin es proporcionar á la sociedad y al indivíduo el mayor grado de bienestar posible, algunos (2) quieren circunscribirla á la produccion de la riqueza, mientras otros la alargan á compreñder el sistema social entero (3), diversidad

---

(1) Coquelin, artículo citado, pág. 648, primer párrafo.
(2) Como Adam Smith y Say en su primera obra.—Véase la nota 1.ª de la pág. 5.
(3) M. Molinari y M. Say en su *Curso práctico de Economía política.*—Véase la nota 2.ª de la pág. 5, donde por las definiciones puede deducirse la extension que los economistas dan á esta ciencia.

de opiniones que sólo se la explica un conocido autor (1) por ser de demasiado reciente fecha para poderse ya designar sin contestación de nadie sus verdaderos y justos límites.

La importancia de la Economía política y la utilidad de su estudio para todas las clases de la sociedad es clara y evidente. (2) La ciencia que procura nuestra felicidad y bienestar, que estudia los medios para que las riquezas se distribuyan equitativamente, que investiga las leyes del trabajo buscando los medios de hacerlo más productivo y ménos costoso, que aumenta la renta del Estado, que remedia la miseria de los pueblos, en una palabra, que dirige todo su estudio á encontrar la verdadera felicidad para todos, sin distincion de clases ni personas, es y no puede ménos de ser importantísima y de sumo interés para todos los hombres. Ella nos demuestra los errores que en tiempos pasados se profesaban con respecto á impuestos, produccion, trabajo (3), etc., y con ellos los perniciosos

---

(1) M. Dalloz, *Resúmen histórico y teórico de la ciencia económica*, art. 1.º, nociones preliminares.

(2) Véase á Bastiat, *Armonías económicas*, introduccion, y á Florez Estrada, discurso preliminar.

(3) Los errores de los antiguos economistas, segun los modernos.—*Journal des Economistes*, tomo 16, pág. 182.

efectos que estos producen á las naciones, señalándonos hoy la experiencia las condiciones bajo las que crece la prosperidad de los pueblos; y como el amor á las mejoras sociales, dice un publicista, es el amor á la humanidad entera, la pasion característica de las almas generosas, el sentimiento más sobresaliente de las clases ilustradas y el deseo más acorde con los intereses de la verdadera libertad, la Economía política, con estas condiciones, crece inmensamente á los ojos dé toda persona que, aunque sin ilustracion, como usted, tenga un recto y honrado criterio. Por esto la Economía política, buscando la verdad y siendo ésta siempre una y sola en todo tiempo y lugar, es tambien igual para todos, es decir, que no hay, como dice un ilustrado catedrático (1), «Economía política, monárquica ó republicana, cristiana ó judáica, católica ó protestante, inglesa, francesa ni española,» ni tampoco, añadiremos nosotros, es distinta esta ciencia para obreros ni capitalistas, para ricos ni pobres, para las clases altas, medias ó indigentes, sino que para todos dicta leyes y preceptos con perfecta igualdad y

---

(1) Sr. Colmeiro, *Principios de Economía política*, cap. 2.º

sin distincion de condiciones y estados (1), que su primera base, que su primera palabra es la libertad, y su conclusion la palabra *libertad*.

La Economía política, como otras ciencias, tiene tambien sus adversarios que, despues de negarla el título de ciencia, la dirigen cargos durísimos, acusándola de cruel, de material (2) y anti-católica (3), sin recordar las relaciones estrechísimas que tiene esta ciencia con la moral (4), la religion (5), la política (6),

---

(1) La Economía política no reconoce razas ni se ha formado para provecho de nadie, M. Alcide Fonteyrand.—La verdad sobre Economía política, *Journal des Economistes*, tomo 21, pág. 1 y siguientes y 225 y siguientes.

(2) Casi todos los filósofos alemanes y muchos de sus discípulos en España acusan á la Economía política de materialista.

(3) El eminente orador Sr. Donoso Cortés, marqués de Valdegamas, hizo á la Economía política esta acusacion en las Córtes. En el tomo 25, *Journal des Economistes*, un autor anónimo publicó un artículo en respuesta á las palabras del orador español probando cumplidamente no hay motivo ni causa para formular contra la Economía política semejante severo cargo.

(4) Véase *Relaciones de la Economía política y la moral*, por Michel Chevalier; *Teoria y práctica, ó union de la Economia política y la moral*, por Maurice Aubry; *La Economía política en sus relaciones con la moral y el derecho*, por M. A. C. Cherbuliez; *Relaciones de la Economia política y la moral*, por P. Baudrillart.—*Revista germánica*, tomo 15, pág. 444.

(5) Véase *Relacion de la Economia política y la religion*, por Monsieur Passy, *Journal des Economistes*. En la *Revista de los cursos literarios*, en el tomo 6.º, pág. 42, hay un artículo sobre este particular.

(6) Tan íntima es esta relacion, que algunos autores, entre otros Florez Estrada (*Discurso preliminar*, pág, 89), dedican varios párrafos á distinguir los caractéres de cada una, por temor á la confusion.—Recordemos tambien la definicion que de la Economía política da Storch. Véase la nota 2.ª, pág. 5.

el derecho (1), la administracion (2) y hasta con la historia (3) y geografía (4), por lo que un autor francés (5) la coloca la segunda en la escala de las ciencias, al lado de la moral, que ocupa el primero.

Pero si importante es la Economía política, y útil por tanto su conocimiento para todos, para ninguno es más importante, para nadie reporta más utilidad su estudio como para ustedes los obreros. Permítame V. que me detenga un momento en demostrárselo.

No negará V. que el pensamiento que hoy domina á los hombres de ciencia, como á los Gobiernos civilizados del mundo, es el mejoramiento de las clases obreras. Los obreros mismos claman y piden la mejora de su situacion, ya por medios pacíficos, ya amotinados y con alboroto. ¿Cómo pedir y cómo conceder

---

(1) *La Economía política y el derecho*, por A. C. Cherbuliez, *Journal des Economistes*, tomo 32.

(2) *Relaciones de la Economía política con el derecho administrativo y público*, por M. Siejois.

(3) M. Baudrillart publicó un artículo en el *Journal des Economistes*, tomo 47, probando las relaciones de la Economía política y la historia.

(4) *Relaciones de la Economía política con la Geografía*, por M. Duval, *Journal des Economistes*, tomo 47, pág. 309.

(5) M. Joseph Droz, *Economía política ó principio de la ciencia de las riquezas*, Bruselas, 1837.

nada acerca del mal sin conocerlo, sin saber sus causas, sus orígenes y sus consecuencias? ¿Pediria V. á un médico una medicina sin explicarle antes la causa y síntomas de la enfermedad? ¿Encargaria V. la defensa de un pleito sin facilitar préviamente al abogado los documentos y razones que justificasen su derecho? Hé aquí, pues, que á nadie interesa más el conocimiento de las leyes que rigen á la industria, al trabajo, á la produccion de la riqueza, que á aquellos que desean, que quieren, que piden remediar esos muchas veces aparentes males; ¿y quién sino la Economía política enseña las leyes que regulan la produccion y el consumo, que marcan las condiciones bajo las cuales es más productivo y ménos costoso el trabajo? Su conocimiento importa á todos, que de ella bien podemos decir lo que Voltaire decia de la física de Newton: «Hay ménos mérito en conocerla que vergüenza en ignorarla;» pero á nadie interesa como á la clase obrera. Por eso un ilustrado economista (1) se esfuerza en prodigar alaban-

---

(1) M. Wolowski. Conferencia del 29 de Octubre de 1872, *Journal des Economistes*, núm. 83, Noviembre de 1872. Este señor recomienda además algunos libros elementales que podrian formar la biblio-

zas, en nuestro concepto merecidas, á las bibliotecas populares, que hago yo extensivas á esos centros que, como *El Fomento de las Artes* de Madrid, Sociedad de la cual creo ten-

---

teca de un obrero. Aunque la mayor parte no están traducidos al español los citaré, sin embargo, añadiendo algunos españoles.

*Lo que se ve y lo que no se ve, ó la Economía política en una lección,* por F. Bastiat.—*El Economista,* revista que se publicaba en Madrid en 1854, en el número 24, correspondiente al 25 de Setiembre del citado año, en un artículo sobre las máquinas, está traducido este folleto por el Sr. Hernandez Amores.

*Sofismas económicos,* de Bastiat, está traducido por el Sr. Robert, y aún creemos hay un ejemplar en la biblioteca de *El Fomento de las Artes.*

Blanqui, *Compendio de Economía política,* traducido por el señor D. Baltasar Anduaga Espinosa.

Cherbuliez, *El Socialismo es la barbarie* (en francés).

J. Clavé, *Principios de Economía política* (id.).

Courcelle, Seneuil, *Lecciones elementales, tratado sumario de Economía política* (id.).

Courtoys, *Diez minutos de Economía política* (id.).

Darmaillac, *El Obrero economista* (id.).

Joseph Garnier, *Primeras nociones de Economía política ó social* (idem).

Lehardy de Bealieu, *Pequeño manual popular de Economía política* (idem).

Emile Lavasseur, *Nociones fundamentales de Economía política* (idem).

Rondelet, *Pequeño manual de Economía política* (id.).

Y otros tratados como los de los Sres. Droz, Baudrillart, Parry, etc.

Por nuestra parte recomendaremos: *Principios de Economía política,* del doctor D. Manuel Colmeiro, y tambien del mismo autor la *Economía política ecléctica;* Florez Estrada, *Curso de Economía política;* Carballo, *Lecciones de Economía política;* Carreras y Gonzalez, *Tratado didáctico de Economía política.* Sentimos no recordar una ó dos obras que sobre Economía política se han publicado estos dias, y cuyos juicios críticos hemos leido en la *Revista de España.* Los Sres. Sagra (D. Ramon), Borrego (D. Andrés) y Mora (D. Joaquin) tambien han escrito en nuestra pátria sobre Economía política.

drá V. noticia, con una abnegacion, acreedora á los mayores y más sinceros elogios de toda persona ilustrada, tiene por único y alto moral objeto el mejoramiento social de las clases trabajadoras.

Hoy que, como dice un autor, al régimen de la obediencia pasiva ha sustituido el de la disciplina voluntaria y razonada, el estudio de la Economía política es utilísimo para esta nueva direccion, para la nueva organizacion liberal que se opera en todas las naciones de Europa.

Por otro lado, si necesario es conocer al capitalista las leyes de produccion, distribucion y consumo de las riquezas, ¿será ménos necesario al obrero el aumento ó disminucion de esta produccion y consumo, si ha de influir necesariamente y por leyes económicas en su trabajo, salario y posibilidad de satisfacer todas sus necesidades?

Un importante personaje inglés, mister Gladstone, ha dicho: «El siglo XIX se llamará el siglo de los obreros;» y á la verdad que en ninguna época histórica se ha dado á estos tanta importancia y se les han concedido tantos derechos. Pues bien; á mayor importancia y á más derechos más deberes tienen tambien que cumplir, y para cumplirlos hay que conocerlos y estudiarlos.

Hay palabras, como capital, capitalista, riqueza, máquinas, herencia, que si usted es franco, lo mismo que sus compañeros, me confesará que son antipáticas á las clases obreras. ¿Y sabeis por qué? Porque ignorais su verdadera significacion económica. Cuando aprendeis que el capital es el trabajo acumulado, que sin el capitalista no hay produccion ni trabajo, que las máquinas aumentan y no disminuyen el trabajo y suben y no rebajan los salarios, haciendo aquél más productivo con ménos incomodidad y éste mayor, más subido y con posibilidad de alcanzar mayores satisfacciones, entonces perdeis la antipatía para convertirla, si no en simpatía, que algunas veces así sucede, al ménos en la razonada conviccion de que así es y debe ser. ¿Quién, sino la Economía política, enseña esto á los obreros? (1)

---

(1) En una exposicion dirigida al ministro del Interior (conde Salvandy) por la Sociedad de Economía política en Francia se demuestra la imprescindible necesidad de introducir en la enseñanza elemental pública el estudio de la Economía política, y se de-

Los obreros más instruidos son los que comprenden mejor sus intereses, y en vez de huelgas, motines y alborotos, luchas en donde, como dice un escritor (1), no hay nunca vencedores ni vencidos, sino que todos pertenecen á este último número de vencidos, se discute, se analiza, se acuerda y se ejecuta lo más conveniente, que la Economía política no condena nada que sea justo y legítimo. Condorcet tenia razon cuando aseguró que la enseñanza de esta ciencia lleva la paz al taller, á la familia, á los pueblos y á las naciones (2);

---

muestra tambien claramente la ventaja que produce á la sociedad este estudio en las clases obreras.

En Italia, en 1851, se publicó un libro de M. Andrea Meneghini titulado *Elementos de Economia social para uso del pueblo*. Tiene 248 páginas y está dividido en cuatro partes, á saber: 1.ª Naturaleza de las riquezas, su orígen y desenvolvimiento. 2.ª Relaciones de la riqueza y aquellos que la producen. 3.ª Del órden económico de los diversos elementos de produccion. 4.ª Funciones gubernamentales bajo el punto de vista económico. Cada parte está dividida en capítulos y estos en párrafos. Muy conveniente seria que en España hubiese esos tratados elementales escritos expresamente para las clases obreras. A la digna Asociacion de *El Fomento de las Artes y oficios* humildemente eleva su pobre voz en este sentido este anónimo autor.

(1) Wolowski, artículo citado.

(2) En 1848 el arzobispo de Dublin, en una sesion de la Sociedad de Estadística de aquella capital, se congratulaba de que el número de escuelas inglesas donde en aquella época se enseñaba la Economía política pasaban de CUATRO MIL. Con este motivo un ilustre miembro del Instituto, M. Barthelemy Saint-Hilaire, en la introduccion á la obra de M. W. Ellis, se expresa así: «En *La Tribuna Nacional* tuve ocasion de decir que la difusion de esas sanas

que por eso alguien ha dicho, con razon, que nada es tan temible en el mundo como la ignorancia.

M. Channing, cuya vida la dedicó al mejoramiento de la clase obrera, decia á los trabajadores mineros amotinados de Widderfield que habian acudido á la fuerza para hacer triunfar sus pretensiones (1): «La pasion y la fuerza pueden vencer, pero en la ruina comun va envuelta en primer término la del obrero. Para vuestras pretensiones no hace falta la fuerza, la ruina ni la destruccion. Vuestra verdadera fuerza está en la cultura de la inteligencia (2), en la rectitud de vuestro proceder, en el respeto de vosotros mismos, en la fé en Dios, en la confianza mútua que os elevará á todos.» Y en otra circuns-

---

doctrinas de la Economía política es una de las causas de la paz profunda y de la prosperidad de que goza Inglaterra.» Se lamenta tambien de que en Francia no se imitase esta conducta. En España no se enseña Economía política ni en las escuelas ni en la segunda enseñanza. Serian convenientes estas reformas. Recordamos con gusto que un ilustrado y jóven abogado, el Sr. D. Eduardo García Diaz, está explicando el presente año académico un curso de Economía popular. Muchos debieran imitar su conducta.

(1) Artículo de M. Wolowski, antes citado.
(2) Sobre el influjo de la instruccion en la moralidad y comportamiento de las clases obreras.—Véase á Say, discurso preliminar, y la obra de M. Allart, *Influencia de la instruccion en la moralidad de los pueblos*, y Florez Estrada, parte 1.ª, cap. 16, pág. 188.

tancia añadia (1): «Depende de vosotros el ganar en poder é influencia, que será cuando ganeis en luces de inteligencia y virtud; no os dejeis embaucar por los ilusos ó interesados en engañaros; el remedio á vuestros males (2) está en la educacion concienzuda de vosotros mismos y de vuestros hijos. Sed dignos de vuestros derechos.» Hé aquí el oficio de la Economía política; ella, en union con otros conocimientos, dará á los trabajadores esa ilustracion tan deseada por M. Channing y tan necesaria para el mejoramiento de la clase obrera; sí, la Economía y sola la Economía desenvuelve los principios justos, equitativos y necesarios para la prosperidad de las naciones, procurando la felicidad y el bienestar de todos sus indivíduos, pero en particular de aquellos que del trabajo dependen.

De estas verdades deben Vds. penetrarse para no dejarse llevar de utopias que halagan en teoría, pero que en la práctica son irrealizables: recordad siempre las palabras de Francklin: «Obreros, desconfiad siempre de

---

(1) M. Channing, ya citado.
(2) Recordamos que Julio Simon dice en su libro *La Obrera* «que nadie puede salvar al obrero del pauperismo como él mismo.

aquellos que os dicen podeis elevaros por otros medios que no sean el cultivo de la inteligencia, el amor al trabajo y el estudio de la Economía; no les escucheis, que tratan de ser vuestros envenenadores.

Hasta otro dia se despide de Vd. su amigo (1) Q. B. S. M.

ULPIANO GONZALEZ DE OLAÑETA.

---

(1) Como comprenderá el lector, estas cartas han sido firmadas despues de concedido el premio, pues cumpliendo con la condicion 8.ª del concurso fueron presentadas al jurado anónimas y con el siguiente lema, tomado de Proudhon: «Las máquinas son el símbolo de la libertad humana.»

## CARTA SEGUNDA.

SUMARIO.—Continuacion de la anterior.—Nociones generales sobre el significado económico de las palabras *riqueza, utilidad, valor, produccion, trabajo, division y libertad del mismo, capital, salario, ley económica de la oferta y la demanda.*

### Sr. D. N. N.

Madrid 10 de Diciembre de 1872.

«La menor inexactitud en las nociones fundamentales de la Economía política oscurecen toda la ciencia.»

(ROSSI.)

Estimado amigo: «Crear una ciencia, dice el conde de Desttut-Tracy, es crear el idioma de ella, y crear el idioma de una ciencia es crear la ciencia misma,» aserciones que no aprueba nuestro compatriota el economista Florez Estrada (1); pero conviene en la necesidad de una expresion correcta y precisa tra-

---

(1) *Curso de Economía política,* por D. Alvaro Florez Estrada, parte 1.ª, cap. 2.º Consignamos con gusto respecto á este distinguido economista español que el célebre autor de la *Historia de la Economía en Europa,* M. Blanqui, hace un elogio merecido de Estrada, cuya obra dice «es una de las más notables despues de la de Juan Bautista Say.» Blanqui, *Historia de la Economía política,* tomo 2.º, cap. 42, pág. 299.

tándose del estudio de una parte de cualquiera ciencia. Rossi (1), por su parte, tambien afirma que la menor inexactitud en las nociones fundamentales oscurece toda la ciencia y hace al entendimiento tomar una direccion falsa, cuyos efectos se hacen notables en las cuestiones de aplicacion. Sírvanme de disculpa estas dos respetables opiniones para dedicar la presente carta á dar á Vds. unas ligerísimas nociones de las palabras que frecuentemente hemos de usar despues, y sin olvidar la advertencia que en la anterior carta le hice.

Entiéndese generalmente por la palabra *riqueza* una cantidad de dinero, y se llama rico al que la posee. En Economía política no es así. «Todas las cosas útiles al hombre, dice un economista (2), son riquezas;» y otro (3) la define: «Todo producto de la industria del hombre y que él desea.» (4)

---

(1) *Curso de Economía política*, de M. P. Rossi, traducido por don Pedro Madrazo. Madrid 1840, leccion 3.ª, pág. 48.
(2) Sr. Colmeiro, *Principios de Economía política*, cap. 1.º, pág. 39.
(3) *Curso de Economía política*, del Sr. Florez Estrada, cap. 2.º, página 49.
(4) No están conformes los economistas en una definicion de la riqueza. Además de las dichas recordamos que Smith, *Riqueza de las naciones*, libro 1.º, cap. 4.º, indica «que es el producto anual de la tierra y el trabajo.» Malthus afirma «es riqueza todos los obje-

Disputan los economistas si hay ó no riquezas naturales. Florez Estrada (1) no admite más riqueza que la producida por el trabajo, y Say (2) defiende la existencia de una riqueza que llama artificial ó social.

Sea de ello lo que quiera, lo que nos importa consignar aquí es que el oro y la plata no son la única riqueza, como se creyó por desgracia mucho tiempo en nuestra

---

tos materiales necesarios, útiles y agradables al hombre.» MacCulloch sienta, conforme en esto con Say, que «los artículos necesarios, útiles y agradables al hombre que tienen un valor en cambio son los productos que constituyen la riqueza.» Esta diversidad de opiniones acerca del valor de las palabras es muy frecuente entre los economistas, rareza que la explica Rossi (tomo 1.°, leccion 3.ª), de esta manera: «Hay fenómenos físicos, químicos, astronómicos que el vulgo habia observado bien ó mal, aunque sin hacer gran caso de ellos; así, cuando los sábios se apoderaron de esos hechos, no encontraron dificultades graves para clasificarlos segun sus luces y darles los nombres que creyeron convenientes. Pero los economistas, al apoderarse de hechos que han sido y son la ocupacion directa y cotidiana de todo el mundo, han encontrado en el idioma comun un lenguaje económico ya formado, y han tenido que aceptarlo limitándose á depurarlo y darle aquella rigurosa exactitud científica que en la boca del vulgo no podia tener.»

(1) Dice este autor: «Jamás hubo riqueza sin prévio trabajo. La materia, mientras no se apropia, trasporta ó modifica para algun uso del hombre, se halla destituida de valor real, y de consiguiente no es artículo de riqueza. El trabajo es el que le da utilidad y valor, ya despojándola de las calidades dañinas ó supérfluas, ya poniéndola en estado de que baste á satisfacer nuestras necesidades y goces.» Obra citada, cap. 2.°

(2) La opinion de Say es defendida por Rossi de una manera decidida. Tomo 1.°, leccion 14.

pátria (1), ni que la tierra es tampoco el único orígen de riqueza, como creen los fisiócratas (2), sino que en general podemos decir que todas las cosas útiles al hombre son riqueza, que toda riqueza individual es producto del trabajo (3) y que de la reunion de estas

---

(1) Por ignorar esta verdad España decayó en el siglo XVII de su antigua prosperidad y grandeza. Las flotas y galeones que cargados de oro y plata venian de las Indias dieron ocasion á que los españoles perdieran su industria y aplicacion al trabajo. Esta codicia inconsiderada destruyó la agricultura, arruinó las fábricas y trocó en esterilidad la natural abundancia de nuestro suelo. Apenas desembarcaban aquellos tesoros en Sevilla cuando desaparecian el oro y la plata del reino, mientras que Francia, Inglaterra, Holanda, Italia y en general todas las naciones aficionadas á la industria, sin poseer cerros como el Potosí, sangraban á España con sus telares, iman de los metales preciosos. Desesperábanse los españoles viendo su riqueza trocada en miseria; murmuraban del Gobierno, que no reprimia el contrabando; dábanse leyes sobre leyes; agravábanse las penas y se imaginaban nuevos arbitrios para estancar los metales preciosos, y España cada vez se ponia más cerca de su ruina...... ¿Qué significan todo el oro y la plata de Inglaterra en comparacion de la inmensa riqueza representada por sus campos, ganados, fábricas, caminos, canales, puertos, edificios, monumentos, naves, máquinas, minas, primeras materias productos del arte y otras mil y mil cosas que posee la nacion? Como tengan los pueblos mercaderías que ofrecer en cambio, no les faltarán oro y plata en abundancia. *Principios de Economía política*, por el Sr. D. Manuel Colmeiro, primera parte, cap. 1.°

(2) M. Quesnay, médico de Luis XV, hijo de un cultivador, y á quien el rey llamaba *su pensador*, fué el fundador de este sistema, reaccion contra el mercantil antes en boga. Las máximas de los fisiócratas se fundan en que la tierra es el único manantial de riqueza. Fué un adelanto, porque estableció el principio de la libertad del comercio. Este sistema duró hasta que Adam Smith fundó el industrial, donde demuestra que el trabajo es el verdadero orígen de todas las riquezas.

(3) Con algunas modificaciones, el sistema de Smith, fundado en el trabajo, es el generalmente admitido hoy por los economistas. Ley general en toda Europa es este sistema.

riquezas particulares se forma la riqueza nacional de un pueblo.

Distínguese tambien la riqueza en material é inmaterial, segun el órden de nuestras necesidades que está destinada á satisfacer. (1)

Llámase utilidad á la propiedad que tienen las cosas de prestar algun servicio, como por ejemplo, ahorrarnos privaciones, incomodidades y sufrimientos, ó proporcionarnos satisfacciones y goces. (2)

La primera distincion que respecto á *utilidades* (3) hacen los economistas es que existen naturales y artificiales. Las primeras, ó sean aquellas que llenan las necesidades de nuestra existencia sin hacer nosotros nada por conseguirlas, no son objeto de la Economía política. Las artificiales, ó sean las que obtenemos mediante esfuerzos más ó ménos penosos, entran de lleno en el cuerpo de la ciencia económica. Producir utilidades es el punto á donde se dirige el esfuerzo y trabajo del hombre, porque con ellas satisface sus ne-

---

(1) Joseph Garnier, *Elementos de Economía política*, tomo 1.º
(2) H. Passy, artículo en el *Diccionario de Economía política*, de Coquelin, tomo 2.º, pág. 795.
(3) M. Passy, artículo citado, hace notar que los economistas usan siempre el plural *utilidades*.

cesidades, ya sean estas morales ó físicas, verdaderas ó ficticias, que áun estas entran en la Economía, porque su ausencia puede producir una privacion más dolorosa que las faltas de utilidades verdaderas. (1)

La nocion del valor es fundamental en Economía política (2). El valor expresa la relacion que existe entre las cosas y la satisfaccion de nuestras necesidades (3). De manera que lleva en sí el valor la idea del cambio de servicios (4). Pero las cosas pueden sernos úti-

---

(1) El fumar ó tomar rapé, por ejemplo, es una necesidad artificial, y sin embargo, el verse privado del tabaco para algunas personas es casi tan doloroso y les molesta tanto como el carecer de comida. Lo mismo decimos de las modas y el lujo en las señoras, del abuso del café en los hombres, etc., etc.

(2) H. Passy, *Diccionario de Economia política*, de M. Coquelin, artículo valenz, pág. 806, 2.° volúmen. Bastiat dice que la teoría del valor es á la Economía política como la numeracion á la aritmética, *Armonias económicas*, cap. 5.°, pág. 113.

(3) Dalloz, *Resúmen histórico de la ciencia económica*, pág. 13.—El Sr. Colmeiro, obra citada, pág. 42, dice: «Valor es la propiedad que tienen ciertas cosas de proporcionar á quien las posee otras en cambio.»—Carballo, obra citada, cap. 7.°, pág. 52. La relacion que entre sí tienen las riquezas son valores y explica esta definicion, pág. 54 y 55.—El valor es la relacion de dos servicios cambiados. Bastiat, *Armonias económicas*, cap. 5.°

(4) Bastiat en sus *Armonias económicas*, traducidas por D. Francisco Perez Romero, Madrid, 1858, en el cap. 5.°, pág. 117, dice: «Es muy singular que la verdadera teoría del valor, buscada inútilmente en gruesos volúmenes, se encuentre en la linda fábula de Florian *El ciego y el paralítico*:

«Mira, le dice el ciego,
Tú tienes, buen amigo,
Ojos que á mí me faltan;

les de diferente manera, directa ó indirectamente; tienen utilidad directa cuando inmediatamente pueden aplicarse á la satisfaccion de nuestras necesidades, como el pan es útil al hombre directamente cuando lo come. La utilidad indirecta consiste en ser las cosas un medio de proporcionarnos otras que nos son necesarias.

Así, en el ejemplo anterior, el pan que poseemos, una vez satisfecha el hambre, y teniendo frio ó sed, lo cambiamos por leña para calentarnos ó agua para llenar *la necesidad de la sed.*

De esta distincion de las dos especies de utilidad que las cosas nos pueden prestar se han sacado dos especies de *valores, valor en uso* y *valor en cambio.* El primero la utilidad directa y el segundo el verdadero valor, ó sea

---

Yo tengo, como has visto,
Piernas que tú no tienes;
Con que, si nos unimos
Llevándote yo á cuestas,
Guiándome tú mismo,
Sin que la amistad mire
Si alguno desempeña
El más útil destino,
Ni yo seré ya ciego,
Ni tú serás tullido.»

Hé aquí encontrado y definido el valor. Hélo aquí en su rigurosa exactitud económica.

el permutable. Atribúyese principalmente el descubrimiento de esta distincion al economista inglés Adam Smith, aunque algunos (1) pretenden hallarla en principio en los escritos de los fisiócratas.

Las cosas objeto de riquezas tienen unas un valor y otras otro, y algunas los dos. El valor en uso es anterior al valor en cambio, porque si una cosa no tiene el valor en uso ni para uno ni para los demás, no puede tener valor en cambio; más claro, todo valor en cambio supone valor en uso, y todo valor en uso no supone valor en cambio. (2)

Las riquezas que no tienen valor en cambio pueden recibirlo por medio del trabajo. Aunque el valor en cambio constituye el principal interés de la Economía política, convie-

---

(1) Rossi, obra citada, leccion 3.ª; Joseph Garnier, 2.ª edicion, pág. 10, nota 1.ª

(2) Esto nos pasa con los vestidos, objetos que son recuerdos de familia; los talentos, que son tambien valores; las riquezas naturales, como el agua, aire, etc., todas estas cosas tienen valor en uso, ó sea utilidad, no valor en cambio, ó sea permutable, porque los recuerdos de familia para nada sirven á otra persona extraña: los talentos se aprovechan y no se cambian; el agua, el aire, nos servimos de ellas, pero no podemos cambiarlas. El agua, dijo Garnier, que puesto se vende tiene valor en cambio: el economista Schmalz (*Economía política*, tomo 1.º, pág. 20) le contesta diciendo que no; lo que se vende no es el agua, sino el trabajo de conducirla á los puntos de inmediato consumo.

ne advertir que no por eso deja ésta de ocuparse del valor en uso. (1)

¿Cómo se miden los valores? Encontrar la medida del valor es un problema en Economía política. El valor sólo puede ser medido por el valor mismo; y siendo el valor variable, ¿cómo hallar en él una medida invariable? Así Say, Rossi y otros economistas llaman á este problema la cuadratura del círculo de la Economía política. Simth y otros economistas quisieron hallar esta medida en el trabajo humano; pero éste es variable, además que éste no serviria como medida, sino el valor de este trabajo, que es más variable aún. Otros la han querido hallar en el trigo, fundándose en que su uso es general; pero tampoco es posible, porque su valor baja y sube segun las necesidades de los mercados, además que su uso no es igualmente necesario en todas las partes del mundo. ¿Podremos hallar esta medida en la moneda? Estos metales, que por sus propiedades son el medio del cambio en el mundo, ya dijimos que no significaban riquezas y ahora aseguramos que, como otras mercancías,

---

(1) Rossi, obra citada, tomo 1.º, leccion 3.ª y 4.ª

su valor no es invariable (1), y no siéndolo no puede ser la medida general de los valores de las demás cosas.

*Produccion*, palabra que en el uso comun es la accion de crear, la accion de producir sin tener en cuenta la utilidad de la cosa producida ni los gastos que exige esta produccion, tiene en Economía política un sentido particular más rigoroso, más preciso y más exacto. (2)

---

(1) M. P. Rossi, probando esta variabilidad de la necesidad del gasto, dice: «Que se gasta hoy más oro y más plata en un año que se gastaban en quince en los siglos XIII y XIV.» Pero si la necesidad varía, la cantidad de la cual depende tambien el valor no varía ménos, ya por efecto de los descubrimientos de nuevas minas, ya por la concentracion en ciertos puntos de gran cantidad de metal. Así el oro importado en Grecia á consecuencia de las conquistas de Alejandro llegó á valer cuatro quintas partes ménos de lo que valia en tiempo de Solon: así en Roma en tiempo de Julio César la relacion del oro á la plata, que cuando la toma de Siracusa era de 1 á 17, bajó de repente de 1 á 8. Segun los cálculos del ilustre estadista M. Jacob, la circulacion en Europa antes del descubrimiento de América no pasaba de 800 á 850 millones de francos; pero despues del descubrimiento de América en 1492, de la conquista de Méjico en 1521, del descubrimiento de las minas del Potosí en 1545, la masa de numerario, hechas ya todas las rebajas que debian hacerse en el cálculo, ascendió en el año 1600 á 3.250 millones de francos, y á fines del siglo XVII á 7.425. Así desde el siglo XVI al XVII hubo un aumento de 128 por 100. Por estas cifras puede deducirse la perturbacion que estos aumentos traerian sobre los mercados y las alteraciones que debió experimentar el valor de la moneda. Desde el año 1700 al de 1809 la América ha enviado á Europa la enorme suma de 22.000 millones; pero debiendo hacer grandes deducciones, el aumento no ha sido sino de 28 por 100.

(2) Es muy notable el artículo que sobre *produccion* escribió M. Ch. Dunoger en el *Diccionario de Economía política*, de los señores Ch. Coquelin y Guillaumin, tomo 3.°, páginas 389 á 450.

En la ciencia económica se aplica la palabra *produccion* á aquella rama especial de ella que tiene por objeto la creacion de valores considerada separadamente de su distribucion y consumo y, científicamente hablando, no puede ser aplicada más que á la obra donde resulte un producto de un valor superior ó á lo ménos exactamente igual á aquellos servicios de toda especie que la produccion ha consumido. Si el valor producido es menor, económicamente hablando, hay *destruccion*, mas no *produccion*, y se comprende fácilmente, pues repitiendo las operaciones, si el producto es menor á los gastos acabaria por no haber producto ninguno y sí gastos solamente.

Producir, pues, en Economía política es la operacion que resulta productiva creando utilidades ó valores; es la aplicacion de fuerzas que dan un resultado capaz de satisfacer nuestras necesidades. (1)

El hombre, se dice frecuentemente, nada crea; *nihil ex nihilo fit*, se ha dicho con razon de sus obras; pero por medio de su accion

---

(1) M. M. Dalloz.—Resúmen del *Diccionario de Economia política*, art. 3.°, pág. 62.

combina, modifica, trasforma y á esto reduce todo su poder. Esto lo hace por medio del trabajo, de manera que el trabajo es la accion productora del hombre. (1)

Dios solo ha creado, pero su criatura, por medio del trabajo, modifica las cosas creadas segun su inteligencia le sugiere, y las adopta segun sus usos, costumbres y necesidades, aunque estas sean ficticias.

De sentir es, como dice un autor español (2), que los economistas no se pongan de acuerdo sobre el valor y significacion de las palabras más fundamentales en Economía política. Sobre lo que se llama producto bruto y neto (3), sobre si existe produccion material

---

(1) El cultivador, el fabricante, el comerciante y el obrero no crean la materia, pero combinan, separan trasforman y trasladan de un punto á otro las moléculas de que se componen y la ponen en disposicion de satisfacer nuestras necesidades. Así, por ejemplo, unos arrojan las semillas del trigo y lo cultivan y recogen, otros lo trasportan, un tercero lo convierte en harina y otro lo amasa y vende; he aquí que estos hombres han creado un valor, por más que ellos no creasen el trigo ni el pan. Sobre esta materia véase á Rossi, tomo 1.°, leccion 12.
(2) Sr. D. Benigno Carballo, *Curso de Economía política*, tomo 1.°, cap. 6.°, nota de la pág. 50.
(3) Producto bruto es la totalidad de la riqueza producida. Neto es el exceso producido sobre los gastos de produccion. Algunos dan una extension más limitada á estas palabras. El Sr. Colmeiro dice: «Llámase producto bruto ó total la *suma* de valores representada en las cosas producidas, *con abstraccion de los gastos causados* al trasformar la materia, y producto neto ó líquido la suma de valores

ó inmaterial (1), sobre los medios de producción (2), sobre si la produccion debe ser libre ó reglamentada (3), disputan grandemente los economistas; pero no debemos investigar los

---

restantes despues de haber descontado el coste de la produccion.—Obra citada, cap. 6.°, pág. 58. Preferimos la primera, tanto porque se acerca más al uso vulgar, cuanto por ser más difícil su equivocacion al tratar una cuestion económica cualquiera.

(1) Segun Rossi, Adam Smith fué el que originó las inmotivadas distinciones de trabajos productivos é improductivos, de donde sus discípulos sacaron la division de produccion material é inmaterial. Con estos nombres quieren decir que unas cosas se incorporan á la materia aumentando su valor, y otras, como el servicio de los sábios, magistrados, agentes de policía, criados, etc., no tienen valor en cierto sentido, porque el valor que crean desaparece. Opinion sostenida por Smith, Malthus, Sismondi, Tracy y otros célebres economistas. Rossi se opone fuertemente á esta teoría.—Véase su *Curso de Economía política*, leccion 13.—Véase igualmente el artículo de M. Dunoger, *Diccionario* Coquelin, tomo 2.°, página 441; Juan Bautista Say, *Curso de Economía política práctica*, primera parte, cap. 5.°, páginas 87 y siguientes, y ante todo la obra que sobre libertad del trabajo escribió M. Ch. Dunoger.

(2) Algunos economistas dividen estos medios en directos é indirectos: los primeros son aquellos sin los cuales no puede verificarse la produccion, como por ejemplo, la del trigo supone la tierra, la lluvia, el calor, las semillas, mano de obra, etc. Indirectos los que contribuyen á la produccion sin ser para ella necesarios, por ejemplo, los consejos dados para mejorar el cultivo, el obrero que inventa una máquina. Tambien se han llamado medios directos á los tres instrumentos principales de *capital, trabajo y tierra*, é indirectos los que favorecen la produccion haciéndola más fácil y activa, como los cambios, la circulacion de la moneda, y tambien puede decirse de la accion del Gobierno, que protege el trabajo y asegura á cada uno el fruto de sus tareas.

(3) Entre las cuestiones de la Economía política ninguna ha llamado tanto la atencion ni ha producido más largas polémicas que la produccion libre. Esta se subdivide en muchas cuestiones; pero la que ha dividido completamente á los economistas es la de libertad de industria y comercio.

fundamentos de sus difíciles distinciones y sus no ménos complicadas opiniones.

El trabajo consiste en la aplicacion de las facultades del hombre á la produccion. (1)

Somos de la opinion de los que creen que no hay trabajo improductivo, y en esto seguimos á Say, Rossi y Dunoger, para quienes todos los trabajos producen una utilidad, ó sea un valor en uso. Es indudable que el trabajo del cómico, del sábio y aun el del criado (2) produce un valor que aunque no se cambia es, sin embargo, útil, y como tal tiene un valor, puesto que satisface necesidades. Todas las operaciones de la produccion exigen en mayor ó menor escala el concurso del trabajo.

---

(1) M. G. de Molinari, *Diccionario* Coquelin, tom. 2.°, pág. 761.—El Sr. Colmeiro dice: «Trabajo es la aplicacion de las fuerzas del hombre á la materia para modificarla y aplicarla á los diferentes usos de la vida.» Say dice: «La accion continuada para ejecutar una de las operaciones de la industria ó solamente una parte de estas operaciones.»

(2) Respecto al trabajo del criado, Smith supone que sus servicios perecen en el instante mismo en que se prestan sin dejar en pos de sí ningun vestigio. Smith se ha engañado en esto, dice Rossi, más de lo que es permitido engañarse á un hombre tan ilustre como él. «¿No es evidente, añade, que los criados hacen un trabajo que da al amo los medios de ocuparse en otro más análogo á sus facultades? Y entonces, ¿cómo se dice que no queda señal alguna de sus servicios? Queda todo lo que el amo hace y que no podria hacer si no fuera reemplazado por el criado en el cuidado de su persona y su casa. *Curso de Economia política*, por M. P. Rossi, tomo 1.°, leccion 13.

En el trabajo no entra sólo la fuerza material, sino tanto ó más el pensamiento. No hay trabajo, por insignificante que sea el hecho por el hombre, en donde no haga resplandecer ese sello divino que le adorna, la razon.

De aquí que, cuanto más interviene en el trabajo la parte intelectual y ménos la física, tanto más noble y elevado es el trabajo. Entre un aguador ó un mozo de cordel y un sastre ó un zapatero, entre el tejedor y el jefe de una fábrica, el trabajador del campo hasta el agricultor en grande, se ve una escala gradual que llaman los economistas gerarquía del trabajo.

Debo hacer notar á V. que esta gerarquía es esencialmente movible, y que el progreso industrial va siempre sustituyendo el esfuerzo intelectual al físico. Esto se nota mejor quizás que en ninguna parte en las máquinas, que quitando al obrero la parte material que desempeña le deja sólo la intelectual, y por lo tanto lo eleva y ennoblece.

Pero para que el trabajo dé sus naturales é importantes resultados ha de ser libre. La libertad del trabajo en sentido económico es la facultad de ejercer la profesion que se quiera, de ejercer una ó muchas, de arreglar el precio de sus servicios ó de sus productos por sí mismo y del modo que estime más conveniente, de cambiar el resultado del trabajo en el interior y exterior de la manera que se crea más conforme con sus intereses (1). Dunoger la explica diciendo «es el poder que el hombre adquiere para servirse de sus fuerzas más fácilmente á medida que se emancipa de los obstáculos que dificultaban ordinariamente su ejercicio (2), definicion que no gusta á Proudhon (3), pero que es exacta mirándola por el resultado de la remocion de obstáculos con respecto al trabajo. (4)

---

(1) Joseph Garnier, artículo en el *Diccionario de Economía política*, de Coquelin, tomo 2.°, pág. 63 y siguientes.
(2) M. Ch. Dunoger, *La libertad del trabajo*, obra importantísima, la mejor que se ha escrito sobre esta materia y que, segun Proudhon, si no tuviera algunas omisiones seria la filosofía misma de la *Economía política*.
(3) *Contradicciones económicas*. 1.ª parte, cap. 4.°, traduccion del Sr. Pi y Margall, la mejor y más importante obra de Proudhon, segun M. Ott, *Tratado de Economía social*.—Introduccion.
(4) Al hablar de libertad al trabajo es imposible no recordar el célebre decreto que en Febrero de 1776 Turgot hizo firmar al desgraciado Luis XVI, edicto que con razon se ha llamado, dice Dalloz, «la carta de emancipacion de las clases obreras.» Es tan importante tratándose de la libertad del trabajo, que vamos á trasladarlo. Dice así el decreto de Turgot: «Dios, al darle al hombre necesidades, y haciéndole necesario su trabajo, hizo del derecho de trabajar la propiedad de todo hombre, y esta propiedad es la primera, la más sagrada, la más imprescriptible de todas. Nosotros miramos como uno de los primeros deberes de nuestra justicia y

Principio que favorece grandemente el progreso de la industria es *la division del trabajo*. Sin más que dirigir una mirada á nuestro alrededor nos convenceremos que esta division de trabajo parece como establecida por la naturaleza. Si á la industria general nos referimos, ya la agrícola, ya la manufacturera, ya la estractiva, ya la mercantil, nos muestran sus diversas operaciones. Si á una particular nos referimos tambien observaremos esas diferentes operaciones que un solo hombre es incapaz de ejecutar. En las fábricas de algodon ó de papel, ¿podria un hombre hacer las tan variadas y diferentes operaciones hasta dar el

---

como uno de los actos más dignos de nuestra beneficencia el emancipar á los hombres de todos los obstáculos que se opongan á este derecho inalienable de la humanidad. Queremos, pues, abolir las instituciones arbitrarias, que no permiten al indigente vivir de su trabajo; las que pesan sobre un sexo que su debilidad le da mayores necesidades y ménos recursos y que parece condenarle á una miseria inevitable y seguir la seduccion y el vicio; que matan la emulacion y la industria y hacen inútiles los talentos de aquellos que las circunstancias apartan de una comunidad; que privan al Estado y á las artes de todas las luces que los extranjeros pueden traer; que retardan tambien los progresos de estas mismas artes; que, en fin, por las facilidades que ellos dan á los miembros de las comunidades de ligarse y concertarse, de forzar á los más pobres á sufrir la ley de los más ricos, vienen á ser un instrumento de monopolio y favorecen las maniobras cuyos efectos son subir más de lo necesario las cosas más indispensables al alimento del pueblo. M. Julio Simon, *La libertad civil*, Paris 1867, cap. 3.°, párrafo 2.°, pág. 215.

producto perfecto á la venta? Y esto que decimos con referencia al trabajo material, lo repetimos con más razon respecto á las ciencias. ¿Podria un indivíduo cultivar todas las ciencias?

Ventajas grandes reporta á la industria la *division del trabajo*. Adam Smith, que segun Rossi *dió al trabajo derecho de ciudadanía y carta de nobleza*, al proclamar que la única fuente de riqueza es el trabajo demostró el primero quizás cuántas eran las ventajas que reporta la industria de la division de éste. (1)

No se toma en Economía política la pala-

---

(1) Se pueden reducir las ventajas á tres, á saber: 1.ª Aumenta los conocimientos y destreza del operario. 2.ª Proporciona al operario economizar el tiempo que necesariamente habia de malograr si hubiese de interrumpir el trabajo para dedicarse á otra ocupacion. 3.ª Facilita al operario descubrir máquinas, instrumentos ó medios de abreviar el trabajo. Smith cita en comprobacion de estas ventajas el conocido ejemplo de la fábrica de alfileres. En tiempo de este célebre economista 10 obreros, haciendo 18 operaciones, producian 48.000 alfileres por dia, es decir, cada hombre 4.800 alfileres; si cada uno hubiera tenido que recortar el alambre, pulirlo, estirarlo, etc., etc. ¿cuántos haria? Ni veinte.—Smith, *Riqueza de las naciones*.—J. B. Say presenta otro ejemplo y dice: «He visto una fábrica de naipes en que 30 obreros producian al dia 15.500 cartas, es decir, 500 cartas cada obrero; si cada uno de ellos hubiera tenido que hacer todas las operaciones, segun personas entendidas, y áun suponiéndole diestro en el oficio, haria dos cartas por dia, es decir, que los 30 obreros, sin division de trabajo, en lugar de producir 15.500 cartas por dia producirian 60.—*Curso de Economía política práctica*, 1.ª parte, cap. 15, pág. 164.

bra *capital* en el sentido vulgar. No es la fortuna de una persona, sino (1) la parte de riqueza producida destinada á la reproduccion. (2) «Los capitales, dice M. Passy (3), son el fruto de economías realizadas, pero que sirvan á la reproduccion,» y por esto sólo pueden reunirlos los que tienen más de lo necesario. De consiguiente, si el ahorro no es excedente del consumo, si no se destina á la reproduccion, no hay capital; podrá haber economías, pero no hay capital. (4)

Se distingue comunmente en el capital el *fijo* del *circulante*. Aquél compuesto de agen-

---

(1) No están conformes todos los economistas en el modo de definir el capital: acordes en el fondo de la idea, difieren en cuanto á su extension. Esta divergencia se nota en los economistas franceses en Say y Rossi, y en los ingleses entre Smith, Malthus y Mac-Culloch. En las definiciones de Smith y Malthus, seguidas por Rossi, entran tres componentes, produccion, ahorro y reproduccion, mientras que en las de Say y Mac-Culloch no entran más que los dos primeros: así dicen que «capital es la simple acumulacion de los productos.» Nosotros seguimos á Smith y Rossi.

(2) M. Dalloz siguiendo á Rossi.—*Resúmen*, etc., art. 5.°, seccion 2.ª, pág. 115.

(3) *De la desigualdad de las riquezas*, pág. 23.

(4) Rossi, para dar á entender lo que es capital, presenta el ejemplo de un salvaje que habiendo muerto á un animal en la caza consume una parte de él, reserva la otra para su consumo del dia siguiente y conserva los cuernos y las pezuñas para hacer un arma, un instrumento de caza ó cualquier otro objeto. La parte consumida no se cuenta; la parte no consumida, pero destinada al consumo, es el ahorro ó la economía; la tercera parte no consumida y destinada á servir de instrumento para la reproduccion constituye el capital.

tes que concurren sucesivamente á cierto número de operaciones de la produccion, y el segundo de agentes que es preciso renovar enteramente en cada operacion. (1)

No necesitaré ciertamente esforzarme mucho para hacer comprender á V. y sus dignos compañeros que sin capital, por más que la palabra no suene muy bien á sus oidos, no ha habido, ni hay, ni habrá industria ni trabajo posible, y esta, amigo mio, es de las verdades que con mucha exactitud decia monsieur Thiers que se muestran y no se demuestran (2), por ser claras y evidentes y como á manera de axiomas. Pero justo es tambien advertir que tampoco el capital puede nada por sí solo si no va acompañado del trabajo, por manera que buscándose uno á otro, el acrecentamiento del segundo (trabajo) aumenta los empleos del primero (capital); de aquí que son armónicos, perfectamente armónicos (3) los intereses del capitalista y el

---

(1) Ch. Coquelin, *Diccionario de Economía política*, tít. 1.º, página 273 y siguientes.

(2) En su célebre y conocido libro *Sobre la propiedad*.

(3) Véase sobre esto el elegante discurso que al doctorarse en derecho leyó el Excmo. Sr. D. Segismundo Moret y Prendergast, hoy eminente orador, catedrático propietario de la Universidad central y ministro que ha sido de Hacienda y Ultramar.

obrero (1), por más que algunos, con fines más bien políticos, les prediquen en vano y se empeñen en demostrarles lo contrario.

Explicado ya, aunque tan á la ligera como lo he hecho, el significado económico de ciertas palabras de la ciencia, debería dar punto á esta ya pesada carta; pero me han de permitir Vds. que en su obsequio y para evitar creencias erróneas, que no es difícil que alguno de Vds. profese, diga antes cuatro palabras sobre los salarios y la oferta y la demanda, lo primero por ser asunto que á ustedes como obreros de cerca les toca, y la segunda por ser la ley que rige todos los asuntos económicos.

*Salario* es el precio del trabajo del obrero, y por obrero entendemos la persona que concurre á la obra de la produccion de la riqueza con su trabajo manual. Dije á Vds. antes que en la obra de la produccion entraban tres componentes, trabajo, capital y tierra, y justo es que á cada uno de ellos le toque la retribucion natural por el servicio que presta. Así

---

(1) Digan lo que quieran esos economistas modernos llamados socialistas, la suerte del obrero, su prosperidad ó su desgracia se hallan enlazadas con la del capitalista.—*Dalloz*, obra citada, artículo 5.°

sucede, llamándose *salario*, la parte que al trabajador ú obrero toca, entendiéndose por trabajador lo mismo al material que al intelectual, es decir, al obrero que al sábio; *beneficios* ó *intereses* la del capitalista, y *renta ó arriendo* la del propietario.

El salario debe ser, así lo desean los economistas, suficiente á cubrir las necesidades del obrero, quedándole un resto para ahorro y para el porvenir; pero como en el trabajo dijimos que habia una gerarquía, segun vaya siendo más intelectual y ménos material, la remuneracion de los obreros variará segun las condiciones de salubridad, facilidad ó dificultad y consideracion que merezca el oficio.

Algunas veces oirá quejarse á sus compañeros de la manera desigual con que se reparte el producto de una industria entre el empresario y los obreros; pero hay que notar que la ganancia del obrero es siempre cierta y exenta de riesgos y anticipada á los beneficios de una empresa, mientras que el fabricante ó empresario corre los riesgos de la fortuna, y hoy rico, mañana se verá quizás en la indigencia. El obrero, pierda ó gane el empresario, siempre cobra la misma retribucion.

Hé aquí cómo es justa esa aparente desigualdad, que bien mirado es igualdad, pues cada uno cobra en razon de los riesgos y peligros que corre y en proporcion del mayor servicio que presta para la produccion.

Distinguen los economistas el salario *corriente del necesario*, siendo el primero la cuota ordinaria del salario, más alta ó más baja, segun las circunstancias del mercado, y el segundo lo determinado por las necesidades indispensables á la subsistencia.

¿Cómo se regulan los trabajos? Algunos economistas, que sólo ven en el salario el precio del trabajo (1), dicen que sólo por la ley de la oferta y la demanda; mas Smith estableció la doctrina generalmente seguida. El economista Ricardo (2) dice que puede haber alza y baja en el salario por dos causas: 1.ª por la oferta y demanda de brazos; 2.ª por el precio de los géneros en cuya compra suele el obrero emplear su jornal. Por esto dice el economista Bastiat que «cuando dos obreros corren tras de su amo el salario baja, y cuando dos amos corren tras un obrero sube.»

---

(1) Al parecer, el Sr. Colmeiro, entre otros, participa de esta opinion.
(2) *Principios de Economía política y del impuesto*, cap. 5.º

Además de estas causas hay otras que hacen subir ó bajar los salarios. Perfectamente las especificó Adam Smith (1); estas son: lo agradable ó incómodo del trabajo; la facilidad ó dificultad del aprendizaje; la continuacion ó interrupcion de la obra; la confianza mayor ó menor que segun la obra hay que depositar en el obrero; la esperanza más ó ménos probable del buen éxito de la empresa; la mayor ó menor competencia que resulta de los aprendizajes, de las corporaciones de aduanas, etc.

De aquí deducirá V., sin que yo se lo diga, que la baja ó subida de los salarios no es arbitraria ni en el capitalista ni en los obreros. Esos motines y tumultos que por aumento de jornales son frecuentes en las fábricas no siempre se justifican. Hé aquí por qué el obrero debe saber Economía política, para conocer por sí cuándo es justo pedir ese aumento de retribucion y cuándo no. Toda subida de salarios no justificada por las causas que hemos indicado y por las exigencias del progreso de la industria es y tiene que ser ficticia y de poca duracion, y con ella el obrero pierde más bien que gana. No les

---

(1). *La riqueza de las naciones*, lib. 1.º, cap. 2.º

negaré á Vds. el perfecto derecho que les asiste cuando pacíficamente se declaran en huelga pidiendo esta ú otra cosa, y mientras se respete la libertad de aquellos que no piensen como Vds.; pero sí les afirmaré que estas actitudes son rarísimas veces justas y que en general las condenamos por inconvenientes, pues sobre no conseguir los obreros su pretension, en el mayor número de casos son ocasionadas á disturbios que comprometen las industrias y paralizan los trabajos. No olviden Vds. que los intereses de capitalistas y obreros son los mismos, por más que otra cosa aparenten creer los modernos reformadores del mundo, los que, ilusos ó engañados, se llaman á sí propios *socialistas* y *liberales*, sin recordar quizás que la libertad rechaza toda idea socialista y el socialismo mata por completo la libertad; son dos términos incompatibles como la luz y las tinieblas, el placer y el dolor, la vida y la muerte.

Poco diré á V. de la ley de la *oferta* y la *demanda*. Estas, como casi todas las palabras usadas en la Economía política, hay que entenderlas bien. El pedido ó demanda no expresa sólo la cantidad aisladamente considerada, sino tambien sus relaciones con la naturaleza y la intensidad del deseo que la reclama y con la fuerza de los obstáculos que éste quiere y puede superar para satisfacerse. (1) Pongamos un ejemplo. Todo el mundo puede desear coches, caballos y palacios; pero como estos gustos exigen sacrificios considerables, el número de los que los apetecen disminuye en proporcion á la magnitud del gasto. En este caso el deseo de todos, que es demanda ó pedido, no influye en el mercado, porque en su vista unos desisten y otros no pueden proporcionarse la satisfaccion del deseo. Debe, pues, tenerse en cuenta en el pedido la naturaleza é intensidad del deseo y la fuerza de los obstáculos ó inconvenientes que hay que vencer para realizarlo.

Lo mismo sucede con la oferta, porque no es sola la cantidad ofrecida, sino la cantidad combinada con la dificultad ó facilidad de la produccion. (2) Pongamos otro ejemplo: si en el mercado se ofrecen mil pares de medias ó de otro género de fácil fabricacion, la oferta no

---

(1) El economista que á nuestro parecer mejor explica esta ley económica es M. P. Rossi, *Curso de Economía política*, traducion del Sr. Madrazo, leccion 5.ª

(2) Rossi, obra y leccion citadas.

es los mil pares que están á la vista, sino uno ó varios millones de medias que si hay pedido se pueden fácilmente construir con prontitud. Si tratáramos de trigo, café ú otro género que al concluirse su construccion es imposible, la oferta la determinaria, no la cantidad de fanegas que en el mercado existiese, sino la dificultad de su reproduccion si por acaso se consumiese totalmente.

Esta ley de la oferta y la demanda así entendida es una de las principales y más importantes que debe tenerse en cuenta al tratar un asunto económico; ella rige la produccion, los precios y por tanto el valor de las cosas, el trabajo y los salarios, y á ella puede decirse que se subordinan la mayor parte de las demás leyes económicas.

Concluyo esta carta haciéndole á V. y sus compañeros el mismo ruego con que la encabecé, que me dispensen si me he distraido un tanto del objeto de estas amistosas epístolas; pero las nociones explicadas, á pesar de ser tan elementales como ligeramente expuestas, las considero tan importantes que he creido no perderia V. el tiempo leyéndolas y meditando sobre ellas, aunque no sea más que por aquello de que el aprender no ocupa lugar; si me he equivocado Vds. lo dirán; pero mientras perdonen, siquiera en gracia de la buena intencion, á su afectísimo amigo Q. B. S. M. (1)

Ulpiano Gonzalez de Olañeta.

---

(1) Téngase presente lo que decimos en la nota de la pág. 20 *Carta primera.*

## CARTA TERCERA.

Sumario.—Idea de la máquina bajo el punto de vista económico.—Cómo concurre á la obra de la produccion.—Efectos económicos que produce la introduccion de una nueva máquina en la industria.

**Sr. D. N. N.**

Madrid 20 de Diciembre de 1872.

> «Las máquinas y la division del trabajo constituyen, en cierto sentido, toda la ciencia económica.»
> (PROUDHON.)

Estimado amigo: Con gusto he sabido por su grata última que V. y sus apreciables compañeros de trabajo han leido con interés mis pobres anteriores cartas, y seguramente no por su mérito, del que carecen por completo, sino por la importancia y trascendencia de las materias que en ellas se tratan.

Con esas ligerísimas nociones, que ruego á Vds. no olviden, paso sin detenerme á ocuparme de las máquinas, destinando la presente carta á dar á Vds. una idea de lo que son bajo el punto de vista económico, cómo concurren á la obra de la produccion (1) y efectos económicos de las mismas.

Se entiende por máquina en Economía política todo instrumento que aumenta el poder del hombre en la produccion (2). M. Proudhon dice que toda máquina puede ser definida de esta manera: «Un resúmen de muchas operaciones, una simplificacion de resortes, una condensacion del trabajo, una reduccion de gastos.» (3)

La palabra máquina viene del griego μεχανος, que significa invencion, si bien suponiendo al mismo tiempo el ejercicio ó trabajo manual. Máquina, segun Asconio, se llama todo aquello *ubi non tam materiœ ratio quam manus atque ingenii ducitur* (donde se estima no tanto la condicion, disposicion é importancia de la materia como la de la mano y el ingenio). En esta definicion y en el concepto que antiguamente envolvia la palabra *machina* iba tambien comprendida esa propension á mirar las máquinas como portentos

---

(1) Primero, segundo y parte del tercer párrafo del tema del concurso.

(2) Esta definicion que tomamos de M. Garnier es la que, con corta diferencia de palabras, aceptan todos los economistas.

(3) *Contradicciones económicas*, cap. 4.°

ó milagros obrados por hombres. Tito Livio decia del mecánico de Siracusa (1): «Era Arquímedes el único observador del cielo y de las estrellas ó el único astrónomo, pero más digno de admiracion como inventor y *maquinador* de los tormentos bélicos y de las obras, por cuyo medio aquellas cosas ú operaciones que hacian los enemigos con excesiva dificultad las burlaba ó inutilizaba á poco trabajo.

Este error de suponer en las máquinas algo de extraordinario y portentoso no es sólo de la antigüedad, sino que el vulgo generalmente, y áun en estos tiempos, todavía lo cree. Al nombrar la palabra *máquina* salta á la imaginacion de alguno el recuerdo de las locomotoras de los ferro-carriles, ó por lo ménos un instrumento grande y de organizacion complicada y difícil. Nada tan lamentable como este error: la máquina puede ser pequeña y sencilla; una garrucha, un martillo, una palanca, un arado, un azadon, una hoz, ¿qué son sino verdaderas máquinas? (2) Má-

---

(1) IV bel. pun.
(2) Se atribuye á un obrero inglés la siguiente definicion: «Máquina es todo lo que, á más de los dientes y las uñas, sirve para trabajar.»

quinas, lo repetimos, son todos los instrumentos grandes ó pequeños, simples ó compuestos inventados por el hombre, y de los cuales se sirve para ejercer su accion y aumentar sus fuerzas sobre la materia para trasformarla, en una palabra, para producir.

Conviene fijarse en esto: un simple martillo, ¿qué hace sino aumentar nuestra fuerza por servir para un acto del que resulte un servicio, y por consiguiente un valor? Cuando usamos un molino, ¿qué hacemos sino aprovecharnos de la fuerza del agua ó viento que lo mueve, y cuya fuerza llamamos en nuestro auxilio?

Se infiere de aquí, pero es conveniente advertirlo, que ningun instrumento engendra fuerza alguna por sí solo; no es más que un intermediario entre un poder que no es suyo, sino de la naturaleza y el cuerpo sobre el cual queremos aplicar este poder ó fuerza; así en un golpe de azada, por ejemplo, la fuerza es del hombre, pero el instrumento la recoge; en un molino el poder es del viento ó el agua, que con las aspas ó ruedas se concentra en un punto; en una máquina de vapor los motores son la fuerza expansiva de éste combinada con la atmósfera; en todos, en fin, la máquina, repetimos, no hace más que reunir estas fuerzas inútiles esparcidas en la naturaleza, provechosas y utilísimas juntas y aplicadas para un objeto.

Pero hacen más las máquinas, y es cambiar la accion de direccion á la fuerza y movimiento. Sin ellas, y sólo con nuestras manos, nos seria tan imposible dar una gran velocidad á un cuerpo, por ligero que fuese, como levantar una pesada piedra, mientras que con el huso damos un rápido movimiento para hilar y con una polea levantamos un enorme peso.

En el primer caso trasformamos la fuerza en velocidad, y en el segundo la velocidad en fuerza.

En un reló el motor es la mano que hace el resorte; pero esta fuerza acumulada en la máquina se distribuye á las demás piezas de ese objeto.

Por medio de una máquina hacemos todavía más; modificamos la direccion de ciertas fuerzas, convirtiendo un movimiento alternativo en contínuo ó un movimiento vago é incierto en preciso y regular.

Explicada la nocion de la máquina veamos cómo concurre á la obra de la produccion.

Aumentan las máquinas la produccion, segun M. Chevalier (1), de dos maneras: primera, haciendo más productivas las fuerzas del hombre: segunda, aprovechando las fuerzas de la naturaleza. Los economistas que de esta cuestion tratan citan varios ejemplos para probar la enorme diferencia que hay entre la industria moderna y la antigua, y ésta áun en los períodos y pueblos donde se ha creido eran florecientes, progreso realizado y sólo debido por la introduccion de las máquinas.

Antes de la invencion de los molinos de viento eran los esclavos, pobres prisioneros ó desgraciadas mujeres los que ejecutaban el penoso trabajo de mover las ruedas ó muelas, y los escritores antiguos nos demuestran lo cruel, difícil, penoso y lento que era este trabajo (2) así ejecutado. Segun Homero, doce

---

(1) *Curso de Economía política* en el Colegio de Francia, 1851.

(2) Muchos autores antiguos, en diferentes pasajes, nos demuestran que era mirado como excesivamente penoso el trabajo de moler. Homero, en el canto XX de la *Odisea*, pinta la desolacion de un desgraciado esclavo ocupado en esta tarea; maldice los festines, que multiplican sus penas; se lamenta de perder sus fuerzas y de llegar á ser una sombra. Cuando las guerras continuas de aquellos tiempos no proporcionaban bastantes esclavos se dedicaban á este

mujeres se ocupaban en casa de Penélope en moler el grano necesario para el sustento de los habitantes de la casa. Hoy un molino montado con arreglo á los adelantos de la mecánica, que en Francia se alquila por 3.000 francos, puede moler tanto trigo como 150 hombres. Si este molino funciona, aunque no sea más que 300 dias por año, lo que cuesta cada dia son 10 francos; los 150 hombres á dos francos diarios costarian 300 por dia; luego se viene á ahorrar diariamente 290, cantidad que repartida en 36 hectólitros de trigo constituye la mitad del precio del mismo trigo. Hé aquí el efecto producido por la invencion de la sencilla máquina del molino; abaratar hasta la mitad el artículo de primera necesidad, y más necesario que para nadie para la clase obrera.

Pero hagamos otro cálculo con el ejemplo citado. Aunque Homero no dice de cuántas personas se componia la casa de Penélope,

---

trabajo las mujeres. Hoy la civilizacion hace lo contrario que la antigüedad, y más conforme con la justicia y el derecho excluye á las mujeres de todo trabajo penoso y fuerte. Esta es otra ventaja de las máquinas: en los talleres y fábricas ganan el sustento con honradez y trabajo adecuado al sexo multitud de mujeres,

M. Chevalier (1), considerando que Ulíses era rey de un pobre reino, cree acercarse á la verdad no elevando este número á más de 300 personas. Considerando ahora el molino que este autor visitó, el de Saint-Maur, se encuentra con que 40 muelas servidas por sólo 20 obreros hacian 720 hectólitros de harina, con cuya cantidad se pueden alimentar 72.000 personas.

En tiempo de Ulíses el trabajo de un esclavo producia sólo lo necesario á 25 personas. Hoy un obrero puede abastecer á 3.600 personas, ó sea 114 veces más que antes: funcionando de esta manera 14 establecimientos como el de Saint-Maur, pueden moler para una poblacion de un millon de habitantes. Para llegar á moler esta cantidad antes de la invencion de los molinos hubieran hecho falta 40.000 esclavos. Véase aquí claramente el beneficio inmenso que ha producido esta máquina. Pero hay más; entre el obrero inteligente que sólo dirige el molino, y el trabajo miserable y de bestia que hacia el esclavo, existe una diferencia enorme en ventaja de la clase trabajadora. Y aún hay otro be-

---

(1) *Curso de Economía política*, tomo 1.°, leccion 2.ª

neficio para esta misma clase, y es la calidad del pan que de una y otra manera se producia: la galleta negra del reino de Ithaca no admite comparacion con el blanco y sabroso pan que hoy come el obrero de ménos recursos.

Ante estas verdades hay que rendirse á la evidencia, amigo mio, y confesar con franqueza y proclamar muy alto que las máquinas reportan una gran utilidad, en particular á la clase más pobre de la sociedad, cuando producen más pronto, mejor y más barato. Pero pongamos otro ejemplo.

En algunos puntos de los Pirineos, como tambien en algunos de España, se ha conservado el primitivo modo de trabajar el hierro. Se puede calcular que con este sistema cada hombre, aplicando todas sus fuerzas, produce al dia seis kilógramos. La industria moderna construyendo los altos hornos arroja como cantidad producida 3 ó 4.000 kilógramos si se alimentan con carbon de encina, y de 10 á 18.000 si éste es de piedra; en este caso se puede calcular en 150 kilógramos el producto del trabajo de cada obrero, es decir, el que antes producia seis kilógramos hoy con más comodidad y ménos trabajo produce 150, ó sean 1.250 veces más, gracias á la introduccion de otra nueva máquina en la industria de la fabricacion del hierro. Pero no es sólo esta ventaja, sino que produciendo tanto se abarata el artículo y hoy, V. obrero, puede usar camas, palanganeros y otros objetos de hierro, cosa que antes le hubiera sido imposible, atendida su carestía y escasez.

Pero si queremos examinar un artículo moderno, y apreciar la revolucion que en la industria en general ha operado la introduccion de nuevas máquinas, fijémonos en las manufacturas de algodon.

El algodon, cultivado en la antigüedad desde tiempo inmemorial en el Indostan, la China, Persia, Egipto y la isla de Candía, recogido despues en las costas meridionales de Francia y de nuestra España, por la facilidad de trabajarlo ha hecho que su uso sea general en todas partes del mundo.

En 1769 un barbero inglés llamado Arkwright estudió el medio de facilitar el trabajo pensando la manera de que en lugar de pasar un solo hilo, como sucedia en los husos, pasasen 20, 30 ó más á la vez, y lo consiguió llegando á montar una máquina donde por sus cilindros atravesaban, no 20 ni 30 hilos, sino 200 y más á la vez. (1)

La consecuencia de esta invencion fué un aumento considerable de fábricas en Inglaterra, Alemania, Bélgica, Suiza é Italia, y la extension del cultivo del algodon y la importacion á Europa fué fabulosa. En Inglaterra, en el año 1825, se importaron del Egipto 111.023

---

(1) El arte de hilar el algodon debe decirse, en honor de la verdad, que no lo inventó sólo Arkwright; pero á su génio y perseverancia es debida su primera aplicacion á la práctica, así como su perfeccionamiento más tarde. Juan Wyat obtuvo en 1758 un privilegio de invencion para que, en union con su sócio Lewis Paul, estableciese una máquina de hilar algodon. Tomás Highs hizo nuevos ensayos en 1767. A Arkwright le fué concedido privilegio en 1768, y otro en 1775 tanto por los perfeccionamientos como por la invencion de nuevas máquinas para preparar el algodon. Hácia esta época Samuel Crompton, de Boston, hizo una combinacion feliz de las invenciones de Hargreaves y de Arkwright, é imagina el *mull-Fenny*. Esta importante nueva máquina se usó hasta el año 1786. El célebre inventor Arkwright nació de humilde condicion en Preston en 1732: era el más jóven de 13 hermanos, tenia un espíritu ingenioso y de inventiva notable y, sobre todo, una perseverancia á toda prueba. No solamente inventó sus máquinas, sino que trabajó con una constancia grande hasta hacer desaparecer los inconvenientes que en la práctica se presentaban. Murió á los 60 años, dejando mucha gloria y una inmensa fortuna. Jorge III de Inglaterra le concedió cartas de nobleza, que en aquel tiempo en Inglaterra era el más grande premio que se podia conceder. Si Arkwright hubiera nacido en España hubiera muerto pobre y oscurecido. Felizmente en nuestra época se atiende y se premia más el mérito y el trabajo, aunque no tanto como merece el hombre que honra á su pátria como Arkwright honró á la suya. Pueden consultarse sobre la historia de la manufactura del algodon las obras de Edward Baynes, Ricardo Gues, Cárlos Babbage y la del doctor Andreu Ure, que publicó en 1836.

balas, advirtiendo á V. que cada bala tiene 100 kilógramos de peso.

¿Qué efecto produjo para la clase obrera este portentoso desarrollo del cultivo y fabricacion del algodon, resultado de la invencion de la nueva máquina de Arkwright? Segun M. Say, antes de la invencion se contaban en Inglaterra

5.200 hiladores de pequeñas ruedas
y 2.700 tejedores.

Total 7.900 obreros, mientras que en 1787, diez años solamente despues, se contaba en el mismo país

105.000 personas ocupadas en hilar
y 247.000 id. empleadas en tejer.

Total 352.000 obreros ocupados, en lugar de los 7.900 que antes de la invencion trabajaban.

Estos son hechos, amigo mio, y repito que no hay más remedio que rendirse á la evidencia. Pero sigamos. Se le ocurrirá á V. decirme: con tanto obrero se reducirian los salarios, ó no es cierta aquella regla de la oferta y la demanda de que V me hablaba en su anterior carta. Pues vea V., amigo mio, cómo ha sucedido lo contrario de lo que V. supone. En la primera época de que antes hemos hecho mencion una obrera ganaba 20 *sous* de Francia, que viene á ser una peseta española; en la segunda época gana ya 50 *sous*, ó sean 10 reales. Un hombre que ganaba antes 40 *sous* de Francia, ó sean dos pesetas, puede hoy con la introduccion de las máquinas ganar 5 francos, ó sean 20 rs. Todo esto indica que las máquinas piden obreros y más obreros y siempre hay demanda de trabajadores, por cuya razon el salario sube.

Quizás oiga decir que la mano de obra en Inglaterra bajó de precio, es verdad; pero examinando atentamente las causas no fueron estas las máquinas, sino la masa de obreros que de Irlanda acudió á las fábricas inglesas y con su oferta de brazos bajaron los salarios.

El número de obreros ocupado en las fábricas inglesas ha aumentado desde 1787. El aumento se comprende, atendiendo al crecimiento que ha experimentado la importacion de algodon á la Gran-Bretaña. Segun datos presentados al Parlamento, desde 1786 á 1790 el término medio de libras fué de 26 millones;

de 1821 á 1825 la importacion media fué de 165 millones de libras; en 1835 la importacion pasó de 361 millones; por último, en 1849 se elevó á mas de 650 millones, y el algodon hilado llegó á 570 millones de libras, exportándose 150 millones para las demás naciones de Europa. ¿Qué resultado para los obreros produce este aumento? Hemos dicho que los hilados de algodon, desde 1821 á 1825, han consumido anualmente 155 millones de libras. Ahora bien; si 26 millones ocupaban 352.000 obreros, 155 millones de libras deben ocupar más de 2 millones de estos, y es de advertir que en estas ventajas no comprendemos á los vendedores ni industriales de todo género que viven tambien con el comercio del algodon. Vea V., pues, si la clase obrera en particular, y la industria en general, han ganado ó perdido con la introduccion de las máquinas de algodon.

Francia, aunque en menor escala, ha experimentado las mismas grandes ventajas con la introduccion de máquinas de hilar algodon. Say (1) calcula en 728.000 las personas ocu-

---

(1) Q. B. Say, *Curso de Economia politica práctica*, 1.ª parte, capítulo 19.

padas en esta industria; pero áun suponiendo la mitad, es probable que así y todo sea 20 ó 30 veces mayor el número de los trabajadores ocupados con relacion á los que antes de las máquinas encontraban trabajo.

De España, donde por desgracia están tan atrasados los trabajos estadísticos, nada podemos decir, aunque por el número de obreros que concurren á las fábricas de Cataluña puede suponerse con fundamento que las máquinas han dado, como en los demás puntos, grandes, provechosos y útiles resultados. El aumento de ocupacion para la digna clase de Vds. los obreros, resultado de la invencion y perfeccionamiento de las máquinas en Inglaterra, no ha sido afortunadamente sólo para esta nacion, sino que se ha extendido hasta lejanos países. Actualmente ocupan las manufacturas de algodon mucha gente en el Brasil, Haiti, Estados-Unidos, Grecia y Egipto.

Por último, el desarrollo que, como he hecho notar á V., ha experimentado la produccion, manufactura y consumo del algodon con gran ventaja de todas las clases de la sociedad, ha aumentado tambien todos los intereses del comercio en general, porque para buscar los comerciantes europeos algodon en la India, etc., etc., tenian que ofrecer en cambio otros productos, y esto constituia un estímulo para el adelanto de otras industrias. Tantos progresos, tantos adelantos, tanto bienestar para todos, tantos beneficios, todo, absolutamente todo debido al invento de una máquina y su introduccion en una industria, ¿no es verdad, amigo mio, que es necesario ser tonto ó ignorante para no comprenderlos ó negarlos, y rechazar y no admitir las nuevas máquinas que en adelante se inventen? (1)

Pongamos otro ejemplo para que Vds. se convenzan más y más de la verdad que sustento en mis afirmaciones. La imprenta (2), desconocida en el mundo antiguo, ha recibido un impulso extraordinario con la division del trabajo y los nuevos perfeccionamientos de las máquinas. Desde que Guttenberg dió á la imprenta su primer libro en 1452, hasta el dia, los progresos son increibles.

---

(1) Por esto dice M. Chevalier que si se reconocen los beneficios de las máquinas introducidas hasta aquí, ¿con qué derecho fundado se niegan por algunos los que pueden reportar las que se inventen de ahora en adelante?—*Curso de Economía política* en el Colegio de Francia, tomo 1.º, cap. 4.º

(2) Véase el curiosísimo trabajo de Remusat, *Journal des Sabants*, Noviembre de 1818, Setiembre de 1820 y Octubre de 1821.

Para publicar un libro se necesitaba un número grande de copistas, que siempre lo hacian mal y lentamente (1); hoy, merced al influjo de las máquinas, se han multiplicado los libros, la instruccion se ha extendido: ¿y los obreros han disminuido? No, ciertamente; al contrario, la imprenta, desarrollando la aficion á la lectura, ha hecho nacer infinidad de industrias, como el comercio de libros, antes desconocido. (2)

Si dejando estos ejemplos nos fijamos en los medios de trasporte, la evidencia del progreso realizado por las máquinas es indudable.

Cuando Hernan Cortés llegó á Méjico los trasportes se hacian á hombros, y todavía así sucede en algunos países de Europa. En donde pudo introducirse las bestias de carga el

---

(1) Petrarca exclama: «¿Quién encontrará un remedio eficaz contra la ignorancia y ruindad de los copistas, que todo lo echan á perder y desordenan? No me quejo de la ortografía, perdida hace mucho tiempo..... Confundiendo estas gentes los originales y las copias, despues de haber prometido una cosa cumplen otra distinta, de modo que el mismo autor no reconoce su obra; ¿créese acaso que si resucitasen Ciceron, Tito Livio y otros ilustres autores antiguos, especialmente Plinio el Jóven, entenderian sus libros? No, los tomarian más bien, vacilando á cada paso, ya por obras agenas, ya por escritos de los bárbaros.» *De rem utriusque fort*, libro 1.º, diál. 43.

(2) Es muy notable el artículo que sobre esta materia publicó el Sr. D. Pedro Mugua en los *Anales de estadística* de 1851.

adelanto ha sido de 30 kilógramos, que lleva bien un hombre, á 200 que lleva la caballería. Pudo hacerse caminos, y entonces los carros arrojan un progreso como cinco veces mayor con respecto á los cuadrúpedos. Si las ruedas van por un carril, el mismo caballo ó mula puede tirar ochenta ó cien veces más, ó sean 1.000 kilógramos. Llega el vapor y arrastra diez ó doce veces más peso y volúmen. En ellos pueden hacerse cómodamente 10 leguas por hora. Hoy atraviesan de una comarca á otra, de un país á otro una multitud de personas y familias que antes era imposible que viajasen. ¿Y por qué? Porque gracias á las máquinas han bajado los precios extraordinariamente, poniéndolos al nivel de toda clase de fortunas.

¿Ha leido V. el *Ayer, hoy y mañana*, de Florez? ¿Ha oido V. contar cómo se viajaba, no en la antigüedad, sino á principios del siglo actual? Se preparaban llevando hasta los últimos muebles y ropas de una casa, se confesaban y hacian testamento y multitud de promesas para llegar con felicidad á su destino. Pero hoy todo ha variado: aquellas lentas galeras han sido reemplazadas por los veloces ferro-carriles, el ruido pesado y monótono de los carros por el alegre y penetrante silbido de la locomotora, la soledad de una ó dos familias por el bullicio de miles de personas, la carestía por la baratura; en una palabra, el atraso y la ignorancia por el progreso y la civilizacion. La invencion de las máquinas de vapor, cuyas ventajas es imposible enumerar, ha favorecido el comercio, la navegacion, el crecimiento de las poblaciones, el trato, la ilustracion, el comercio, todo, en fin, lo que constituye nuestra civilizacion actual: son máquinas admirables que centuplican las fuerzas del hombre para hacer su dicha y felicidad. Y respecto de ellas hay la doble ventaja, como observa M. Garnier (1), que sólo se alimentan de carbon; de manera que representando la fuerza de miles de caballos y el trabajo de millones de hombres (2), no entran á la parte en el consumo de alimentos, es decir, dan las ventajas sin tener inconvenientes.

Recordará V. que en una de las anteriores cartas le decia que el pensamiento que

---

(1) *Diccionario de Economía política*, tomo 2.º, pág. 115.
(2) El año 1846 habia en Francia 4.400 máquinas de vapor, cuyo trabajo equivalia al hecho por 1.100.000 hombres.

preocupa hoy tanto á los economistas como á todos los hombres de ciencia y á los Gobiernos es el mejoramiento de la situacion de la clase á que V. pertenece. Pues bien; ningun medio es tan adecuado para este objeto como las máquinas, porque elaborando los géneros más pronto, mejor y más barato los ponen al alcance de las fortunas medianas y pobres, porque habiendo mucha oferta y siendo el producto más barato dijimos que los precios bajan. ¿Y quién recibe en primer lugar este beneficio? La clase obrera, porque el primer efecto de la abundancia es la baratura; á mucha oferta corresponde baja del precio, y á ésta acompaña la posibilidad de que las masas trabajadoras pueden usar ó consumir esos productos, disminuir así sus sufrimientos, aumentar su bienestar material, y obtener los medios de participar de la comunidad de goces intelectuales y morales que hoy nos permite conocer la civilizacion en que vivimos.

La carestía de los productos es el principal obstáculo que se opone al progreso de la sociedad. Esta tiende siempre á facilitar todos los productos hasta darlos de balde, si posible fuera. A este ideal tiende la filantropía, la filosofía, el economista y hombre de Estado, y todos los dias nos acercamos á él con las invenciones y perfeccionamientos de toda especie. En las fábricas de algodon, ejemplo ya expuesto, pudimos observar que antes de las máquinas apenas se trabajaba lo bastante para el comercio interior. Pues bien; segun cálculos casi exactos, dividiendo los productos por el número de habitantes correspondia á cada indivíduo inglés un decímetro de tejido, mientras que hoy con las máquinas, haciendo el mismo cálculo, y sin embargo de haber crecido la poblacion, corresponde de 16 á 18 metros de tejido por indivíduo y todavía sobran cantidades considerables de productos de algodon elaborado que Inglaterra exporta al extranjero. Hoy los precios de los vestidos son cinco veces menores que hace 25 años y 12 veces menores que hace 50. Los vestidos, hoy cómodos y elegantes sin ser caros, se llevan por todo el mundo, ocasionando, como dice Chevalier (1), una revolucion en las costumbres: una metamórfosis se ha operado en la vida doméstica. El gusto y el há-

---

(1) *Curso de Economia política* en el Colegio de Francia, tomo 1.º, seccion 4.ª, páginas 81 y siguientes.

bito de la limpieza se ha hecho general; «la limpieza, como decia Weslay, predicador inglés, es más que una cualidad, es una virtud que eleva el alma, porque da al hombre el sentimiento de su dignidad (1).» En tiempo de Enrique II (2) ninguna persona tenia pañuelo de narices, limpiándose hasta los grandes señores con el brazo; hoy, gracias á las máquinas de hilar, etc., las personas de ménos recursos gastan esta prenda necesaria ó indispensable para la limpieza. Antes no se conocian las camisas, usándolas hoy todo género de personas. Antes no se leia; hoy el obrero, si sabe leer, compra periódicos, se entera de la política y hasta puede comprar, y hará muy bien, libros modestos como el presente que, sin ningun género de pretensiones, sólo aspira á ilustrar á la clase trabajadora, aunque no tanto como quisiera su autor, por no permitírselo sus escasas dotes. Hoy, gracias á estos progresos de la imprenta, puede tambien ilustrarse fácilmente sobre motivos de su arte ú oficio. Puede dedicar algo á la

---

(1) M. Chevalier, obra citada, de donde lo toma M. Garnier para el *Diccionario de Economía política*, tomo 2.º, páginas 115 y siguientes.

(2) Hijo de Francisco I de Francia, 1547 á 1559.

religion, porque en esto, amigo mio, le diré más clara mi opinion: creo que cada uno puede seguir la religion que sus convicciones y creencias le dicte, y que el Estado debe igualmente garantir todas las que, fundadas en la moral, tal nombre de religion merezcan, respetando todas las creencias de los demás, aunque yo le aconsejaria no dejase la religion de sus padres; pero lo que no comprendo es la absoluta carencia de todas: á estos podria aplicarse muy bien lo que Santa Teresa decia de Judas: «¡Desgraciado! No supo amar, creer ni sentir!»

Con la facilidad que las máquinas nos proporcionan en los trasportes todos viajamos, conocemos otros países de donde podemos tomar alguna buena costumbre, aprendemos y nos instruimos con relacion á nuestra profesion ú oficio, se ensancha el comercio y sus conocimientos; en fin, crece mucho el nivel intelectual de los pueblos. Por eso observará usted que los pueblos más apartados en caminos, ya ordinarios ó de hierro, de canales, rios, puertos, etc., son los más atrasados moral ó intelectualmente, y por el contrario, los habitantes de puertos, ó que tienen «caminos que andan,» como Pascal llamaba á los canales ú otros medios de comunicacion, son más ilustrados, floreciente su industria, comercio ó instruccion. Vea V. cómo insensiblemente se aumentan las ventajas económicas de las máquinas.

Si fuéramos enumerando uno por uno los beneficios que cada industria particular ha reportado de la introduccion de las máquinas no acabariamos nunca, haciéndose larga y pesada la tarea. Repase V. en su imaginacion las máquinas agrícolas, las de papel, las de coser, las de fabricar paños y otras mil, y acabará V. de convencerse de su utilidad ó importancia para todas las clases de la sociedad, así como del impulso que han dado al progreso y adelantamiento de todas las industrias.

Para concluir repetiremos con Block: «Los que no quieren el progreso de la industria por medio de las máquinas pueden llamarse los vándalos de la industria.» (1)

Soy de V. afectísimo amigo Q. B. S. M. (2)

Ulpiano Gonzalez de Olañeta.

---

(1) *Diccionario general de la política*, tomo 2.º, pág. 287.
(2) Téngase presente la nota de la pág. 20, *Carta primera*.

## CARTA CUARTA.

SUMARIO.—Efectos morales que producen las máquinas.—Inconvenientes que Montesquieu, Sismondi y otros autores han atribuido á las máquinas.—Refutacion de estas opiniones.

**Sr. D. N. N.**

Madrid 30 de Diciembre de 1872.

> Las máquinas levantan la dignidad del hombre y favorecen su libertad é igualdad.
> (GASPARIN.)

Estimado amigo: En mi anterior tuve el gusto de explicarle lo que era una máquina bajo el punto de vista económico, cómo concurre á la obra de la produccion y efectos económicos de la misma. Tócame hoy, para completar el cuadro, exponerle los efectos morales que resultan de la introduccion de una nueva máquina en la industria, y si pueden estos efectos, tanto los económicos como los morales, ser en un caso perjudiciales á los obreros (1), ó lo que es lo mismo, inconvenientes que algunos

---
(1) Tercera y cuarta pregunta del tema del concurso.

autores han atribuido á las máquinas y refutacion de sus opiniones.

Desde luego podemos afirmar que las máquinas levantan la dignidad del hombre y favorecen su libertad é igualdad.

En presencia de un arado, dice M. Gasparin (1), regocíjase el alma viendo al labrador que con la cabeza erguida y cruzados los brazos va marchando por el surco que abre la máquina; este hombre ha crecido un pié, así, al ménos, lo parece, ya por no estar encorbado sobre la esteva, ya porque comprende que hay allí una emancipacion, y nada como esta idea anima y alegra al hombre. Así va éste aboliendo la esclavitud por el uso de su inteligencia y por la disposicion que da á las fuerzas de la naturaleza, de contínuo empleadas á efecto de ir supliendo fatigas tan penosas y de tan escasos resultados para él como aquellas á que antes se hallaba irremisiblemente condenado. Tiene razon M. Gasparin: nada ha levantado la dignidad del hombre como las má-

---

(1) *Consideraciones sobre las máquinas*, por M. Augusto de Gasparin, Paris, 1835, folleto en 8.° de 56 páginas. Un segundo folleto de este mismo señor, titulado: *Del plano inclinado como grande máquina agrícola*, es la continuacion del primero. M. Garnier cita en el *Diccionario de Economía política* algunos párrafos de este folleto.

quinas, quitándole al trabajo lo que de material tiene y dejando y aumentando la parte del pensamiento ó inteligencia.

Pero hay más: la filosofía y la religión, proclamando alternativamente los grandes principios de libertad é igualdad, han sido impotentes á su pesar, y no obstante sus esfuerzos, para hacerlos prevalecer. ¿No existia acaso la esclavitud al lado de la filosofía antigua? ¿No fué importada y mantenida en las modernas colonias por cristianos, ora salieran de católica nacion, ora de Estados protestantes? Los mejores principios, ¿no han cedido siempre á las necesidades—¡qué decimos necesidades!—á los simples gustos, á los caprichos, al café, al azúcar, á los más ligeros y fútiles tejidos? ¿No se han hecho por ellos el tráfico y la guerra? ¿No se venden y degüellan por ellos los negros? ¿No combaten por ellos los europeos? ¿No se ha mantenido por ellos la esclavitud, ya sea la antigua, la esclavitud de cuchillo, ya la del dinero, que no mata, pero que deja morir (1), esclavitud hereditaria de

---

(1) Estas consideraciones son de M. Gasparin en las obras antes citadas. Habrá notado V. que cito siempre que tomo ideas que no son mias, pues aunque aumente las notas aprovecho la ocasion para decirle que así lo hago, porque soy incapaz de apropiarme lo que no me pertenece.

la costumbre, del nacimiento, de la debilidad ó de la degradacion?

De manera que las teorías morales y religiosas, sin el concurso de las ciencias positivas, no tendrian efecto alguno para la redencion temporal de la especie humana y el hombre seguiria siendo esclavo de la naturaleza si no aprendiese á dominarla. Sólo de su inteligencia puede esperar su libertad; sólo de sus esfuerzos científicos puede salir el nuevo órden social, la grande emancipacion que la inquietud de las masas pide y empieza como á entrever, pero sin darse cuenta ni explicarse el por qué.

En estas crísis solemnes que preparan nuestro porvenir todos buscan con ansiedad las causas que la han producido y los resultados que de ella deben esperarse; todos, bajo el imperio de sus razones ó sus preocupaciones, quieren explicar las unas y presentir las otras; todos, segun su existencia social, van tomando posicion para la defensa ó el ataque, y nadie se ve libre de funestos presentimientos que fascinan hasta el punto de que, incapaces de confiar en el presente que se escapa, nos sentimos impelidos y como arrastrados hácia un porvenir incierto. Esta incertidumbre depende de que no se han comprendido bien las necesidades de la época y de que se quiere buscar en el pasado remedios contra una situacion desconocida.

El hombre, ennoblecido hoy por el estudio, rompe sus cadenas al ruido de las máquinas industriales, y emancipado viene á reivindicar sus derechos suspendidos con la gran caida. Este es el grande acontecimiento que se prepara, que todavía no se comprende bastante, que trastorna los espíritus, sorprende las inteligencias é introduce un vértigo en las sociedades modernas.

Supongamos por un momento, continúa M. Gasparin (1), que en todas direcciones se estableciesen caminos de hierro y que por ellos trasportasen las máquinas locomotoras cargamentos de todas especies; que el arado de vapor surcase todos los campos; que á favor de bombas eolianas, ó mejor todavía, por medio de un vasto sistema de canalizacion, quedasen perfectamente regados todos nuestros campos: entonces dejarian de repente de

---

(1) *Consideraciones sobre las máquinas*, pág. 8.

ser útiles el caballo de carro, el de posta, el de labor y hasta el que pacíficamente da vueltas alrededor de una noria; sólo se buscaria el de silla, el caballo de regalo que trota gallardo bajo el ginete, y cuyo valor ó inteligencia no puede reemplazar máquina alguna; limpiaríase la raza de todo lo que no fuese superior en belleza y elegancia; los trabajos nobles realzarian la especie y pronto veriamos desaparecer los deformes productos de la esclavitud y los tormentos impuestos á séres envilecidos.

Esta revolucion que acabamos de suponer en la raza caballar es eminente para la humanidad entera, que debe irse ennobleciendo más y más á medida que los oficios más viles vayan siendo reemplazados por la accion de las máquinas. Y cuenta que algunos de estos oficios eran y son todavía de tal naturaleza que sólo esclavos sujetos al derecho de vida ó muerte podrian resolverse á desempeñarlos.

Muchísima razon tiene M. Gasparin en las acertadas consideraciones que expone: si pasamos ligeramente la vista sobre los ejemplos puestos en mi anterior carta, nos convenceremos de su exactitud y veracidad.

En el ejemplo de los molinos, que puse en mi carta anterior, veria V. cómo estas sencillas máquinas vinieron á emancipar una multitud de esclavos que en la antigüedad se ocupaban en el penoso trabajo de moler trigo. En lugar de estos desgraciados la industria de hoy nos presenta los tahoneros, que por lo general son hombres de alguna consideracion en sus pueblos ó aldeas, y que, aunque sujetos á penosos trabajos, tienen su parte intelectual en la disposicion del aire, el agua y el mecanismo que emplean. Hé aquí una clase entera, especial é indispensable, elevada, por medio de unas ruedas de piedra y de madera, de la esclavitud á la independencia, del envilecimiento á la dignidad, del rango del bruto al de hombre.

En las máquinas de vapor, ¿cuánto no han ganado todos los que trabajaban en los trasportes de mar y tierra? En la navegacion, v. gr., antes se hacia, como V. sabrá, por medio de remos, trabajo tan duro que á él sólo se dedicaban en la antigüedad los esclavos y en la Edad Media los malhechores, á quienes se daba el nombre de galeotes, se les gobernaba á fuerza de castigos y estaban sujetos á los más crueles tratamientos. El descubrimiento primero de la sencilla máquina de las velas fué la primera señal de su emancipacion. ¡Cuántas cadenas rompió, cuántos brazos inhumanos contuvo y cuántas lágrimas vino á enjugar el primero que al mástil ató la lona! Esta emancipacion no fué completa; se necesitaba un segundo descubrimiento para una segunda y total emancipacion. Esta vino con el vapor. Los grumetes y marineros no tienen que ser esclavos de las vergas; ya la inteligencia dirige el fuego; los hombres, bien vestidos y bien mantenidos, son pagados segun su merito; tienen dignidad, porque conocen lo que valen hombres que pueden y saben hablar del vapor, de sus efectos físicos, medios de dominarlos y fuerza de las máquinas.

La invencion de la imprenta, de que tambien hablamos, ¿qué beneficios no ha producido? Ella ilustra la opinion pública (1), di-

---

(1) Filangieri la describe magistralmente. Dice así: «Hay un tribunal en cada nacion que es invisible, porque no tiene ninguna de las señales que podrian manifestarlo, pero que obra de contínuo y es más fuerte que los magistrados, que las leyes, que los ministros y que el rey; que puede ser pervertido por las malas leyes, dirigido y hecho justo y virtuoso por las buenas, pero que no puede ni por las unas ni por las otras ser combatido y dominado.» Este tribunal, que por el hecho mismo nos demuestra que la soberanía está constante y realmente en el pueblo, y que no deja en

funde los conocimientos, extiende la instruccion y cultiva la cualidad más grande que posee el hombre, la que le distingue de las bestias, la que le hace rey de lo creado, la razon. Ella combatió y disipó el error; ella ha traido inmensos beneficios á la humanidad, beneficios que son conocidos y confesados por toda clase de personas ilustradas, sin distincion de opiniones políticas; ella por fin, siendo política, es, como dice un escritor, la imágen terrestre de la justicia divina, tan terrible, tan inexorable como aquella. (1)

Las máquinas han contribuido tambien poderosamente á la emancipacion de la mujer, elevando su dignidad y contribuyendo á la gran obra iniciada y predicada por el mártir del Gólgota. Hoy las mujeres están relevadas de los trabajos fuertes del campo, y por medio de las máquinas sirven en los talleres cómoda y útilmente, ejecutando sólo trabajos adecua-

---

cierto modo de ejercerla á pesar de que la haya depositado, de cualquier modo que sea, entre las manos de muchos ó de uno solo, de un Senado ó de un rey, este tribunal, digo yo, es el de la opinion pública.—*Ciencia de la legislacion*, por el caballero Cayetano Filangieri, traduccion del Sr. Rubio.—Madrid 1822, tomo 9.°, libro 4.°, cap. 53, pág. 297 y siguientes.

(1) El marqués Diego Soria de Crispan.—*Filosofía del derecho público*, seguido de un *Tratado de derecho constitucional*, tercera edicion, 1853, tomo 2.°, cap. 44.

dos y dignos de la mitad más bella y más débil al mismo tiempo de la humanidad, de la eterna compañera del hombre.

Sí, amigo mio, las máquinas y sólo las máquinas han operado la emancipacion del género humano, y Dios permita sigan contribuyendo á esta santa mision. En todas partes hasta ahora la libertad ha trabajado de consuno con la esclavitud. Los espartanos tenian sus ilotas y sus esclavos los romanos, porque el hombre solo, puesto en presencia de la naturaleza, necesita fuerzas para dominarla; estos esfuerzos son un trabajo manual, y un trabajo impuesto no es más que la esclavitud. Sólo por tener á sus esclavos ocupados en estas faenas se concibe que pudiesen los antiguos llenar el foro y el teatro, ocuparse en los grandes intereses de la pátria y pasar aquella vida noble y descansada que era el alma de las más atrevidas concepciones. Hoy no sucede lo mismo. Las máquinas importan la civilizacion, quitan la parte de esclavitud que tiene el trabajo, y proclamando, como Smith, que la fuente de la riqueza es el trabajo, y como Turgot, su completa libertad, proclama tambien, como Gasparin, que las máquinas son la emancipacion del género humano, y como Proudhon (1) que son el símbolo de la libertad humana, la insignia de nuestro predominio sobre la naturaleza, el atributo de nuestro poder, la expresion de nuestro derecho y el emblema de nuestra personalidad.

Pasemos ahora á otro punto. Estos efectos, tanto los económicos como los morales, ¿pueden ser en algun caso perjudiciales para la clase obrera? (2) De lo dicho hasta aquí habrá V. inferido que se puede contestar categóricamente á tal pregunta: «No, en ningun caso.»

Este punto necesita mayor explicacion, por lo que voy á exponer todos los argumentos infundados que contra las máquinas se han hecho, así como todos los inconvenientes que gratuitamente se le han atribuido. Si alguno existe es pasajero, de momento; pero procedamos con órden y examinemos qué inconvenientes se han atribuido á las máquinas.

Permítame V. que principie por extrañarme cómo puede haber economistas que desconozcan las grandes ventajas de las máquinas

---

(1) *Contradicciones económicas*, primera parte, cap. 4.°
(2) Párrafo 4.° del tema del concurso.

sin acordarse quizás que, como dice Benard (1), si hay alguna cosa bien probada en Economía política es la ventaja que ha proporcionado á la sociedad la invencion de las máquinas; pero hay personas, como observa Droz (2), que sostienen las cosas con tanto más calor cuanto más resueltas estén, pero no importa; yo, sin embargo de pensar con Rossi (3) que las máquinas se defienden por sí mismas á no ser que se niegue el progreso humano, he de probar, no obstante, que son poco fundados los inconvenientes que se atribuyen, inconvenientes que, como toda obra humana, debian tener, y que por otro lado se quedan tan pequeños al lado de las grandes ventajas que reportan á la humanidad, que desaparecen como desaparece la débil luz de las estrellas ante la fuerte y poderosa del sol.

M. Baudrillart (4) dice que ninguna parte del capital ha sido tan combatida como las

---

(1) *Las Leyes económicas,* Paris, 1856, cap. 15, páginas 316 y siguientes.
(2) *Economía política ó principios de la ciencia de las riquezas,* libro 3.°, cap. 5.°, páginas 196 y siguientes.
(3) *Curso de Economía política,* Bruselas, 1842, segunda parte, leccion 10, páginas 152 y siguientes.
(4) *Manual de Economía política,* segunda parte, cap. 4.°, párrafo 9.°

máquinas; por esto, pues, y por ser al mismo tiempo una cuestion más bien moral, al sentir de Rondelet (1), debemos proceder con órden, que ya Horacio decia *Lucidus ordo*, órden, distribucion brillante, luciente, es la mayor garantía de acierto.

La primera y más grande objecion que contra las máquinas se ha hecho, y que, como dice M. Garnier (2), va al fondo del problema de donde se han sacado los demás, es la siguiente: «No negamos los beneficios de las máquinas; pero las ventajas que producen para unos están compensadas con las pérdidas de otros, y así la sociedad se aprovecha del importe del trabajo economizado por la máquina y de las pérdidas que experimenta aquel á quien ella privó del trabajo.» No me acusará V., amigo mio, de disfrazar el argumento y no presentarlo tan duro y fuerte como es en sí; pero á mayor abundamiento, siendo Montesquieu su primer iniciador, copiaremos las mismas palabras de este ilustre

---

(1) *Del espiritualismo de la Economía política*, Paris, 1859, primera parte, párrafo 12, páginas 44 y siguientes.
(2) *Diccionario de Economía política*, tomo 2.º, pág. 118, segunda columna.

escritor (1). Dice: «Esas máquinas cuya mira es abreviar el arte no son útiles siempre. Si una obra está á mediano precio, y que igualmente acomoda al que la compra y al menestral que la ha trabajado, las máquinas que simplificasen su fabricacion, es decir, que disminuyesen el número de obreros serian perjudiciales, y si no estuvieran introducidos en todas partes los molinos de agua no me parecerian tan útiles como dicen, porque son causa de que estén sin hacer nada infinitos brazos: han privado del uso de las aguas á muchas gentes y de la fertilidad á varios terrenos (2).» Por más que merezca respeto el argumento por ser de tan ilustre autor, la primera contestacion que se ocurre es decir, como M. Dalloz (3), «que siguiendo este razonamiento no hay máquina ninguna cuya invencion no debamos lamentar, porque todas, hasta el arado, disminuyen el número de tra-

---

(1) *Del espíritu de las leyes*, traduccion de D. M. V. M., tomo 2.°, lib. 23, cap. 15.

(2) En la cita que hace M. Garnier de este texto en el *Diccionario de Economía política*, de Coquelin, sin duda por un error de imprenta está equivocado el libro: no es el 18, como dice, sino el 23, cap. 15, como hemos dicho.

(3) *Resúmen histórico y teórico de la ciencia económica*, art. 8.°, seccion 2.ª, pág. 128, Madrid, 1850.

bajadores, inconveniente pequeño y no constante;» ni preciso, agregaré yo, entre infinidad de beneficios que proporcionan á todos, como antes creo haber demostrado.

Pero aparte de esto, ¿es verdadero el argumento? Siendo evidente que las máquinas multiplican la produccion, y por tanto abaratan los géneros, ventajas de que se aprovecha todo el mundo, ¿cómo suponer, lógicamente pensando, que puede ser causa de miseria para nadie? Pero dícese, si hay 20 ó más obreros en una manufactura cualquiera, invéntase una máquina y son despedidos lo ménos la mitad por hacer ésta el trabajo más pronto y más barato; luego quita el trabajo al obrero, y tras él su salario, que es su alimento. Para pensar así es necesario suponer lo que no sucede en las cosas humanas: tal es creer gratuitamente que la introduccion de una máquina es brusca y sin transicion, es decir, que hoy no hay máquina y mañana aparece montada y funcionando, lo cual no ha sucedido, sucede, ni sucederá nunca. Recuerde V. las peripecias que expusimos en la nota de la pág. 59, por que pasó la máquina de hilados de algodon desde sus primeros ensayos en 1758 hasta su perfeccionamiento en estos últimos tiempos. Pues esto es lo regular y lo que sucede con toda clase de máquinas; hay ensayos, hay pruebas y no se da con la resolucion del problema hasta despues de mucho tiempo, dejando espacio largo al obrero para el estudio de otro oficio y para dedicarse á otro trabajo análogo quizás en la misma máquina. Pero reparo que este argumento que estoy combatiendo como verdadero, siendo quizás demasiado generoso con los adversarios de las máquinas, no lo es ni se aproxima á la verdad. En esta cuestion, como dice M. Chevalier (1), los hechos hablan más claro y más alto que ningun razonamiento. ¿Qué dijimos ha sucedido con las máquinas de hilados de algodon? V. recordará las cifras que expusimos en la *Carta tercera*, pág. 60, y estos son hechos ciertos fundados en datos estadísticos oficiales. Dijimos que antes de las máquinas existian 7.900 obreros dedicados á hilar algodon, y que 10 años despues, nada más que 10 años despues de funcionar la máquina de Arkwight, en el mismo país de Inglaterra se

---

(1) *Curso de Economia política* antes citado, seccion 4.ª, páginas 81 y siguientes.

contaban 352.000: ¿disminuyó el trabajo? ¿Quitó el salario y el alimento á los obreros la invencion de esta máquina? No hay más medio, amigo mio, que rendirse á la evidencia y conocer lo poco fundados que son, á pesar de ser los más fundamentales, los argumentos de Montesquieu y demás adversarios injustos de las máquinas. Lo que pasa es que, como dice Chevalier, estos señores parece ser desconocieron el oficio de las máquinas (1), y olvidan que estas al reemplazar á los obreros abaratan los géneros, y por la ley de la oferta y la demanda aumenta inmensamente el consumo, con lo cual hacen necesarios, no ya el número de estos que trabajaban antes, sino muchos más. Por el ejemplo lo verá V. más claro.

Si en una industria sin máquinas el consumo es de 100, y para este consumo bastan 20 obreros, al inventarse una máquina supongamos que el trabajo lo hiciese con 10 obreros, sobrando, por consiguiente, los otros 10; pero

---

(1) En honor de Montesquieu, dice Garnier, debe decirse que este ilustre escritor no conoció los maravillosos resultados que en la industria moderna han dado las máquinas, y que si los hubiera conocido, así como los trabajos de Adam Smith que escribió despues, como los de los sucesores de este celebre economista inglés, M. Montesquieu hubiera reformado su opinion con respecto á las máquinas. Nos complacemos en creer lo mismo.

abaratando el género sube el consumo á 1.000 y entonces no le bastan los 20 obreros, sino 100.

M. Bastiat, en un folleto titulado *Lo que se ve y lo que no se ve*, ha demostrado palmariamente estas verdades. (1)

---

(1) Este folleto de M. Bastiat es tan interesante y útil á la clase obrera y llamó tanto la atencion su aparicion en Francia, que presumo me agradecerá V. le trascriba aquí tomado de un artículo del Sr. D. Antonio Hernandez Amores, publicado en *El Economista*, revista de Economía política que se publicaba en Madrid el año 1854. Dice así:

«¡Malditas sean las máquinas! Todos los años su potencia progresiva entrega al pauperismo millones de obreros, arrebatándoles el trabajo, con el trabajo el salario y con el salario el pan. ¡Malditas sean las máquinas! Hé aquí el eco popular.» Maldecir las máquinas es maldecir el espíritu humano. Lo que me extraña en esta materia es que haya un hombre que se satisfaga con semejante doctrina; porque si es verdad, ¿cuál es la consecuencia rigorosa? Que no hay actividad, bienestar, riquezas y ventura posible sino para los pueblos estúpidos, heridos de inmovilismo mental, á quien Dios no haya concedido el don funesto de pensar, combinar, inventar, de obtener mayores resultados con ménos medios. Al contrario, los harapos, las chozas innobles, la pobreza, la inaccion son la inevitable ruina de la nacion que busque y encuentre en el hierro, en el fuego, en el viento, en la electricidad y en el magnetismo, en las leyes de la física y la mecánica, en una palabra, en las fuerzas de la naturaleza, un suplemento á sus propias fuerzas, y esta es la ocasion de decir con Rousseau: «Todo hombre que piensa es un animal degradado.» Pero no es esto todo; si esta doctrina es verdadera, como todos los hombres piensan é inventan, como todos, de hecho, desde el primero hasta el último, y á cada instante de su existencia procuran hacer cooperar las fuerzas de la naturaleza para hacer más con ménos, para disminuir ó su mano de obra ó lo que ellos pagan para conseguir la mayor suma posible de satisfacciones con la menor fuerza posible de trabajo, preciso es concluir de aquí que la humanidad entera es arrastrada á su decadencia, precisamente por esa aspiracion inteligente hácia el progreso que atormenta á cada uno de sus miembros. Desde luego la estadística sabe demostrar que los habitantes de

La síntesis de este importante trabajo es demostrar, y lo consigue, que las economías realizadas por las máquinas nunca son á costa del trabajo y el salario de la clase obrera.

Como V. lo leerá en la nota, no me ex-

---

Lancaster, huyendo de aquella pátria de las máquinas, van á buscar trabajo á Irlanda, donde son desconocidas, y la historia que la barbarie oscurece las épocas de civilizacion, y que civilizacion brilla en los tiempos de ignorancia y barbarie.

Hay evidentemente en este hacinamiento de contradicciones algo que choca y nos manifiesta que el problema oculta sus elementos de solucion que no se ha distinguido lo bastante.

Hé aquí el misterio: *detrás de lo que se ve está lo que no se ve.* Voy á intentar el probarlo. Mi demostracion tendrá que ser una repeticion de precedentes, porque se trata de un problema idéntico. Es tendencia general de los hombres, si la violencia no le estorba, buscar la baratura, es decir, ir hácia lo que á satisfaccion igual les ahorra trabajo, bien que esta baratura les venga de un hábil productor extranjero ó de un hábil productor mecánico.

La objecion teórica que se hace en ambos casos á esta tendencia es idéntica. Así en el uno como en el otro se le opone el trabajo, que desde luego deja inerte. Pero lo que determina es precisamente el trabajo que deja *no inerte*, sino disponible. Por eso se le opone en ambos casos el mismo obstáculo, la violencia.

El legislador prohibe la concurrencia extranjera y tambien la mecánica. Porque en verdad, ¿qué otros medios quedan para sostener un impulso natural en todos los hombres que el de quitarles su libertad? En muchos países, es verdad, el legislador no hiere más que una de estas dos concurrencias y se limita á gemir ante la otra. Esto sólo revela una cosa, y es que el legislador en esos países es inconsciente. Esto no debe sorprendernos. En una falsa via siempre es uno inconsciente, sin lo cual asesinariamos á la humanidad. Jamás se ha visto un principio falso llevado á su extremo. He dicho en otra parte: «La inconsecuencia es el límite del absurdo,» y podria añadir: «y al mismo tiempo la prueba.»

Pero vengamos á nuestra demostracion; no es larga. Santiago Homobono tenia dos francos, los que daba á ganar á dos obreros. Pero imagina una nueva máquina y abrevia la mitad del trabajo. Consecuencia: obtiene la misma satisfaccion y ahorra un obrero y

tiendo más sobre el folleto, aunque sí debo advertirle que, con el mayor respeto, como se merece tan ilustre economista, no me convence en cuanto á lo que él llama *opinion vulgar*, porque en esa vulgaridad, como la

---

lo despide. Esto *es lo que se ve*. Y no viendo más se dice: «Ved ahí cómo la miseria sigue á la civilizacion. El espíritu humano ha hecho una conquista, y al mismo tiempo cayó un obrero en la garganta del pauperismo. Pero puede suceder que Santiago Homobono siga dando trabajo á los dos obreros, pero no les dará más que 10 sueldos á cada uno, porque se harán concurrencia y se ofrecerán al más barato que pueda. Así es como los ricos lo son cada vez más y los pobres más pobres; es necesario reconstruir la sociedad.» ¡Hermosa exclamacion digna del exordio!

Afortunadamente exordio y conclusion son falsos, porque detrás del fenómeno *que se ve* está la otra mitad *que no se ve*. No se ve el franco ahorrado por Santiago Homobono y los efectos necesarios de este ahorro. Puesto que por consecuencia de su inversion, Santiago Homobono sólo gastó un franco en la mano de obra, en seguimiento de una satisfaccion le queda otro franco. Luego si hay un obrero en el mundo que ofrece sus brazos desocupados, hay tambien en el mundo un capitalista que ofrece un franco desocupado. Estos dos elementos se encuentran y se combinan. Y es claro como la luz del dia que entre la oferta y la demanda del salario la oferta no ha cambiado de ninguna manera.

La invencion y un obrero pagado con el primer franco hacen al presente la obra que ejecutaban antes dos francos. El segundo obrero, pagado con el segundo franco, realiza una obra nueva. ¿Qué ha cambiado, pues, en el mundo? Hay una satisfaccion nacional de más; en otros términos, la invencion es una conquista gratuita, un beneficio gratuito para la sociedad.

De la forma que he dado á mi demostracion se podria sacar esta consecuencia: el capitalista es el que recogerá todo el fruto de las máquinas; la clase asalariada, que sólo sufre momentáneamente, no lo recogerá jamás, porque segun tu demostracion, ellas trasladan una porcion de trabajo nacional *sin disminuirlo*, es verdad, pero tambien *sin aumentarlo*.

No entra en el plan de este opúsculo resolver todas las objeciones; su único objeto es rebatir una opinion vulgar y muy dallama Bastiat, incurren todos los economistas más notables desde Adam Smith, pasando por Say y Rossi y concluyendo por los modernos, casi tan notables como aquellos, Chevalier, Baudrillart, Garnier, Droz, etc., etc.

---

ñosa. Queria probar que una máquina nueva no pone á disposicion cierto número de brazos, sino ponlendo tambien forzosamente á disposicion la rémuneracion que los alimenta. Estos brazos y esta remuneracion se combinan para producir ahora lo que antes de la invencion no era posible. De donde se deduce que da por resultado definitivo un aumento de satisfacciones á trabajo igual. ¿Quién recoge este exceso de satisfacciones? Sí, es cierto, primero el capitalista, el inventor, el primero que se sirve de la máquina, y este es el premio de su génio y su audacia. En este caso, como lo acabamos de ver, se realiza una economía en los gastos de produccion, lo cual de cualquiera manera que gaste (y siempre gasta) ocupa justamente otros tantos brazos como la máquina habia desalojado.

Pero bien pronto la concurrencia le obliga á bajar sus precios excesivos en la medida de esta misma economía, y entonces ya no es el productor el que recoge el beneficio de la invencion; es el comprador del producto, el consumidor, el público, comprendierdo aquí á los obreros; es, en una palabra, la humanidad. Y *lo que no se ve* es que el ahorro así procurado á todos los compradores forma un fondo en que el salario toma su alimento, que reemplaza el que la máquina ha cegado. De este modo, volviendo al ejemplo, Santiago Homobono obtiene un producto gastando dos francos en salarios. Mientras que venda el producto al mismo precio hay un obrero de ménos ocupado en hacer este producto especial, pero hay uno de más ocupado por el franco que Santiago ha ahorrado. *Esto es lo que no se ve.*

Cuando por la marcha natural de las cosas Santiago Homobono se ve reducido á bajar un franco el precio del producto, entonces ya no realiza un ahorro, entonces ya no dispone de un franco para recargar al trabajo nacional con una produccion más. Pero respecto de este punto su comprador se coloca en su lugar, y este comprador es la humanidad. Cualquiera que compre el producto lo paga un franco ménos, ahorra un franco y pone necesariamente este ahorro al servicio de fondos de salarios. Esto es tambien *lo que no se ve.*

Además, tengo tambien el sentimiento de disentir en el ejemplo de los sombreros, pues yo para mí tengo que aunque todos gastaran sombreros en ese país que supone Bastiat, y tuvieran cubierta esa necesidad, si se llegase á inventar una máquina que abaratase á la

---

Se ha dado de este problema de las máquinas otra solucion fundada en los hechos. Se ha dicho: la máquina reduce los gastos de produccion, hace bajo el precio de los productos; la baja del producto produce aumento de consumo, lo cual necesita un aumento correspondiente de produccion, y en definitiva la intervencion de tantos ó más obreros despues de la invencion como se necesitaban antes. Se cita en apoyo la prensa, el hilado de algodon, etc., etc. Esta demostracion no es científica. De ella seria necesario concluir que si el consumo del producto especial de que se trata permanece estacionario ó poco más o ménos, la máquina perjudica al trabajo, lo que no es cierto. Supongamos que en un país todos los hombres llevan sombrero. Si por una máquina se reduce el precio á la mitad, no se deduce de aquí que se consumirán doble número de sombreros. Se dirá en este caso que una parte del trabajo ha sido atacado de inercia. Sí, segun la opinion vulgar. No, segun la mia; porque áun cuando en ese país no se comprase un solo sombrero de más, el fondo entero de salarios no por eso quedaria ménos salvo. Lo que fuese de ménos á la industria sombrerera se encontraria en la economía realizada por todos los consumidores y pasaria á asalariar todo el trabajo que la máquina ha hecho inútil, provocar un nuevo desarrollo en toda la industria. Y así pasan las cosas. Yo he visto los periódicos á 80 francos; al presente están á 28, esta es una economía de 42 francos para los suscritores. No es cierto, no es á lo ménos necesario que los 42 francos continúen tomando la direccion de la industria del periodista; pero lo que sí es necesario, que si no toma esta direccion tome otra. El uno se sirve de la economía para recibir más periódicos, el otro para alimentarse mejor, un tercero para vestirse mejor, otro para amueblar mejor su casa. Así las industrias son solidarias, forman un vasto conjunto del que todas partes comunican por cabales secretos. Lo que se economiza en uno aprovecha á todos; lo que importa es comprender bien que nunca jamás las economías se verifican á costa del trabajo y los salarios.

mitad el precio, el consumo aumentaria en esa como en todas las industrias. Por lo demás, es indudable que de no suceder así esa economía seria llevada al desarrollo de otra industria.

M. Sismondi siguió las huellas de Montesquieu, y llevado quizás de un sentimiento exagerado de filantropía por la clase obrera, amor que, como observa Chevalier, ha perjudicado más que favorecido á la citada clase, se proclamó adversario decidido de las máquinas (1). Dice este economista: «Cuando en una industria y en un punto dado se cuadruplica la produccion y no se hace más que duplicar el consumo, es necesario que en otra parte haya la misma industria, cuyo consumo se cuadruplique mientras que la produccion se limite á duplicarse, ó de lo contrario habrá superabundancia en el comercio, dificultades en la venta y pérdida final.» Esta superabundancia no es posible en la ciencia pura, pero sí en la ciencia aplicada que puede suceder si no se consulta las necesidades del mercado, su extension, su energía, su duracion y los

---

(1) *Nuevos principios de Economía política*, libro 4.°, cap. 8.°

medios de cambio; es cierto esto, pero preguntamos: ¿qué culpa tienen de ello las máquinas? Si en una industria un productor que no tenga máquinas sabe que el consumo es, v. gr., de 100, y que los gastos de produccion no le permite abaratar más el género, y sin embargo fabrica y fabrica para un consumo de 400, ¿no se arruinará lo mismo sin tener máquinas? ¿Qué tienen que ver las máquinas con que un productor no comprenda sus intereses y olvide las inexorables leyes económicas? Pero como observa oportunamente un escritor, la intencion del citado economista es otra, y así como cuando apareció la *Historia de Napoleon*, por Walter Scott, un juicioso crítico dijo que debia cambiarse el título por el de *Resúmen de los rumores puestos en circulacion por el Gabinete británico sobre las cuentas de Napoleon Bonaparte y la Francia imperial*, la obra de Sismondi debia llamarse *Acusaciones proferidas al principio del siglo* XIX *contra el sistema industrial*. Pero aún más: á M. Sismondi, que reconoce la utilidad de las primesas máquinas, aunque es adversario de las nuevas, le podriamos preguntar: si las máquinas han sido buenas y útiles hasta la época presente, ¿fundado en qué principio se pueden ahora considerar como perjudiciales? Si hasta aquí se han permitido, ¿con qué derecho se intenta prohibirlas ahora?

Pero, á mayor abundamiento, abona una razon de justicia á las máquinas. Si un fabricante produce un producto y me fija un precio, y otro se ingenia y produce y me lo ofrece más barato, ¿con qué derecho me puede obligar nadie á que tome el género al primer fabricante? Juan produce un artículo y me lo ofrece á 20, por ejemplo: Pascual se ingenia más, y con auxilio de una máquina ó por otro medio me ofrece el artículo, y de la misma calidad, á 15; ¿con qué derecho puede obligarme Juan á que yo le tome el artículo y me perjudique en cinco? Este argumento es claro y concluyente en favor de las máquinas.

Aunque creo haber contestado á las principales objeciones que contra las máquinas se han formulado no daré término á esta carta, ya pesada, sin hacerme cargo de algunas otras de menor importancia.

Dícese que las máquinas hacen el trabajo irregular y que mientras unas veces producen una actividad grande, otras, por efecto de lo mucho producido, acarrean la paralizacion llevando al obrero con estas alternativas, unas veces al cansancio y la fatiga, y otras á la postracion y á la miseria. Este argumento está contestado con los hechos; ellos demuestran precisamente lo contrario. Si algo hay contrario á alternativas son las fábricas donde las máquinas, siempre severas y siempre constantes, trabajan de la misma manera uno y otro dia y siempre. No podia suceder más que un caso, que la fábrica se levantase; pero usted comprende que más fácilmente sucederá este mal en las que no haya máquinas, porque estas suponen siempre una industria grande, un capital fijo considerable, edificios, instrumentos, etc., y no se establecen estas cosas sin mucha meditacion y sosiego. De modo que las máquinas producen estabilidad y garantía de trabajo para el obrero por estas sencillas razones.

Tambien se ha dicho que las máquinas imponen á los hombres trabajos penosos, destructores, aniquilando la salud de los obreros. Como dice Chevalier (1), este argumento es

---

(1) *Curso de Economía política*, tomo 1.°, leccion 5.ª, pág. 98

de retórica pura, y como observa Garnier (1), conocen muy poco los trabajos industriales los que tales argumentos hacen. Las máquinas precisamente levantan la dignidad del hombre y le vuelven su libertad al librarle de trabajos materiales, dando más participacion á la inteligencia. En Egipto, ¿cómo se fabricaron las Pirámides? Llevando y subiendo acuestas los trabajadores piedra por piedra; si ahora hubiera que construirlas, ¿no se usarian máquinas que aliviasen de tan penosa tarea á los obreros? Véase cuán poco fundada es esta objecion. Pero no debemos insistir, que sobre los efectos morales de las máquinas ya dijimos lo bastante (2), donde remito á V. si todavía le asalta alguna duda.

Que las máquinas favorecen el excesivo prolongamiento de las horas de trabajo, tambien se ha dicho: ¿y por qué ni cómo son responsables las máquinas de esto? Si algunos industriales prolongan las horas de trabajo en sus fábricas, no es porque tengan ó no máquinas, sino porque las exigencias del consu-

---

(1) *Diccionario de Economía política* varias veces citado, tomo 2.º, pág. 120.
(2) *Carta cuarta*, pág. 73.

mo así lo exigen; pero en todo caso esto lo que probaria es que hacen falta más máquinas, porque produciendo más serian ménos las horas que tuvieran que trabajar los obreros.

No prosigamos, que aunque le parezca á V. mentira, alguien ha dicho que las máquinas son malas porque proporcionan instruccion y cultura al obrero y aumentan el progreso humano. Estos no merecen contestacion: no recuerdan las palabras del obispo de Nancy: «Por las máquinas el hombre ha llegado á ser contramaestre ó capataz de la creacion, cuando antes no era más que un peon.»

Saluda á V. hasta otro dia su afectísimo amigo (1) Q. B. S. M.

Ulpiano Gonzalez de Olañeta.

---

(1) Téngase presente la nota de la pág. 20, *Carta primera*.

## CARTA QUINTA.

SUMARIO.—Entre los efectos, tanto económicos como morales, que producen las máquinas, ¿puede ser alguno perjudicial á la clase obrera?—Dado se presenten, ¿qué circunstancias atenúan el mal?—Medios propuestos por varios autores para evitar este mal.—¿Puede admitirse entre estos medios el de la propiedad colectiva de las máquinas?

**Sr. D. N. N.**

Madrid 1.º de Enero de 1873.

> Sólo los salvajes han podido soñar en proscribir las máquinas.
> (F. GARNIER.)

Mi estimado amigo: Con ésta pienso poner término por ahora á nuestra correspondencia, pues negocios que no son del caso me llaman fuera de esta capital.

Con lo que dejo escrito creo no le cabrá á V. género ninguno de duda sobre el papel importante que las máquinas desempeñan en la industria y los inmensos beneficios que producen; pero debo advertirle que, como toda cosa humana, muestran algunos lados flacos y muestran un inconveniente, aunque ligero y momentáneo. Cuál sea éste y sobre todo medios de evitarlo, y si es admisible entre estos el de la propiedad colectiva de las máquinas (1), es el asunto que pienso desarrollar en esta mi última carta.

Ya estaba oyéndole decir á V.: «Sr. X., la invencion de las máquinas, segun V. las presenta, ha sido una obra perfecta, exenta de toda clase de inconvenientes.»

No por cierto, amigo mio; la verdad, á la que nunca por nada ni por nadie se debe faltar, exige le diga que las máquinas y su introduccion en una industria producen un mal, la paralizacion momentánea y pasajera del trabajo; pero que por más que sea pasajero y momentáneo, no por eso deja de ser un mal y de producir algun sufrimiento á la honrada clase obrera. Rossi, que es defensor de las máquinas (2), por más que algunos lo duden, hizo ya esta observacion: «En la introduccion de una nueva máquina en cualquier industria, primero que aumenta el consumo, bajan los precios y se necesitan más obreros, hay

---

(1) Párrafos 5.° y 6.°, últimos del tema del concurso.
(2) Ya dijimos que este economista decia sobre máquinas: «No necesitan defenderse, pues ellas solas se defienden.»

un momento en que estos quedan desocupados.» (1)

Como acabo de decir, esta observacion es justa y verdadera; pero á su lado se presentan una porcion de circunstancias que atenúan el mal y lo hacen no tan grave como lo supone Rossi. Veamos.

Las máquinas tienen generalmente un mecanismo complicado, y por lo tanto son muy difíciles de construir, muy caras por los diferentes ensayos que hay que ejecutar antes de aprovecharse de ellas. Pues bien; á V. no se le puede ocultar que siendo así no se introducirán todos los dias nuevas máquinas en la industria, y que esta circunstancia de ser muy caras retarda, ya que no impida, su introduccion. De modo que el mal está limitado á rarísimos casos.

Pero hay más: el espíritu de rutina, el temor de innovaciones, el miedo á perder capitales retardan tambien mucho su introduccion, y si no lo evitan por lo ménos dejan tiempo más que suficiente al obrero para el aprendizaje de otro oficio. Así, por ejemplo,

---

(1) *Curso de Economía política*, tomo 2.°, leccion 10.

inventadas las máquinas de vapor, ¿cuánto tiempo no se ha tardado en aplicarle á los caminos de hierro? Todavía se ocurre otra circunstancia que atenúa el mal de que hablamos. A medida que el arte se perfecciona la invencion de las máquinas es más difícil, y esto es tan claro que juzgo lo comprenderá usted igualmente sin necesidad de más explicacion.

Con lo dicho conocerá V. que el mal, el inconveniente, el perjuicio, si mal, inconveniente y perjuicio puede llamarse lo que en pocos casos ocasionan las máquinas, es pasajero y momentáneo y no tiene de ningun modo la importancia que se le ha querido dar. Pero esto no ha impedido que algunos economistas propongan varios remedios que voy á reseñar á V. ligeramente.

Algunos proponen desde luego la supresion de toda clase de máquinas. Ya he dicho á V. en el curso de estas modestas epístolas lo suficiente sobre esta loca pretension. No tengo que añadir más; esto es oponerse á toda invencion, á todo perfeccionamiento, á todo progreso, en una palabra, á la civilizacion de la humanidad.

No nos detengamos, pues, en esto.

Se ha dicho que el Estado debia prohibir el planteamiento de aquellas máquinas complicadas, no permitiendo más que las sencillas, por ser estas las que desocupan menor número de obreros. Esto es imposible. Si se pidiese, como dice Garnier (1), á los autores de tales proposiciones hacer la clasificacion de las máquinas é invenciones, señalando cuáles podian permitirse y cuáles debian prohibirse, no sabrian, á la verdad, qué responder. Si rechazaban el vapor, por ejemplo, ¿por qué no el agua y el viento, que hace sus veces en algunas ocasiones, como en un molino ó en un barco? Si las máquinas de sembrar ó recoger el trigo, ¿por qué no el azadon y la hoz? Así iríamos de absurdo en absurdo sin poder afirmar nada.

A pesar de ser M. Sismondi adversario tan decidido de las máquinas, de sus conclusiones nada se puede sacar para el mal pasajero que las mismas proporcionan. Sólo puede deducirse que él desearia el abandono de la division del trabajo y las máquinas con las fábri-

---

(1) *Diccionario de Economía política*, tomo 2.°, páginas 115 y siguientes.

cas, y que volviese cada familia al sistema de indivision primitiva, es decir, al sistema patriarcal que, como dice Proudhon (1), es el sistema de «cada uno en su casa, cada uno para sí.»

Pero esto es retroceder y, como dice el mismo autor, esto es imposible.

Se ha propuesto tambien que los inventores, empresarios ó capitalistas que usasen máquinas debian indemnizar á los trabajadores ú obreros. Pero esto ni es justo, conveniente, ni posible. ¿En virtud de qué derecho se les iba á indemnizar, é indemnizar de qué? ¿Acaso el trabajo es propiedad? Esto seria reconocer el derecho al trabajo, teoría socialista que, como todas, es insensata, injusta é impracticable. Luego le diré á V. algo sobre este mal llamado derecho: continuemos. Si los inventores indemnizaran, ¿no podrian y tendrian derecho en pedir ellos á la vez que se les indemnizara de los ensayos, estudios, etc., que han hecho antes de idear y componer la máquina? Y si no era invencion ó idea y sí sólo una mejora, ¿cómo y con arreglo á qué

---

(1) *Contradicciones económicas*, primera parte, cap. 4.º, art. 3.º, pág. 213.

tarifa se pagaria? ¿Se ha pensado ya cuánto habia que indemnizar por la invencion del vapor, la electricidad y sus aplicaciones? Si se llegase á resolver el problema de la direccion de los globos, ¿qué cantidad deberia darse como indemnizacion á los empleados y dependientes de ferro-carriles, diligencias, omnibus, coches, etc., etc.? Repetimos que, sobre no ser justo, es imposible.

Los comunistas y socialistas han tratado tambien de resolver la cuestion y han dicho: «Puesto que el último fin de las máquinas es hacer al hombre lo más rico posible con ménos trabajo, puesto que los agentes naturales lo hacen todo, las máquinas deben pertenecer á la comunidad.»

¿Cree V. que se puede admitir la comunidad ó propiedad colectivas de las máquinas? (1) Rotundamente le afirmo yo desde ahora que no: de ninguna manera se puede ni áun titubear en aceptar semejante teoría. Pero esto necesita mayor explicacion. Permítame V. antes que le diga cuatro palabras sobre el socialismo y el derecho al trabajo, que

---

(1) Ultimo párrafo del tema del concurso.

tienen íntima conexion con el punto que voy desarrollando, y que no será perdido el tiempo que empleemos en la digresion, dadas las ideas que modernamente y con fines políticos se predican en las fábricas y en los pueblos.

El comunismo y el socialismo (términos que aquí tomamos como sinónimos) es la negacion de la propiedad; y decimos negacion, porque no otra cosa es el deseo de arreglarla y trasformarla como muchos desean; y lo que es más notable, la niegan ó atacan como contraria á la razon y á una justa organizacion social.

La propiedad (1), y entendemos por tal el conjunto de cosas sometidas al poder de una persona para los fines racionales de la vida (2),

---

(1) La voz propiedad viene de la latina *propietas*, y es usada por el jurisconsulto romano Gayo, como en equivalente á dominio y opuesta á posesion. De esta manera tambien define la propiedad Alonso el Sábio en su célebre *Código de las Partidas*, ley 27, tít. 2.°, partida 3.ª

(2) No es fácil dar una definicion de la propiedad, porque la mayor parte de los autores la describen, no la definen. Ahrens, en su *Filosofía del derecho*, distingue cuidadosamente lo que es propiedad de derecho, ó sea propiedad en el sentido jurídico, y derecho de propiedad. La propiedad de derecho es la que definimos en el texto; el derecho á la propiedad es el derecho fundado sobre la naturaleza humana, que autoriza á una persona á efectuar los actos conforme á la justicia, por medio de los cuales puede adquirir un bien material, mantenerse en su posesion y disponer de él para los fines racionales de la vida. *Filosofía del derecho*, parte especial, libro 1.°, cap. 1.°, pág. 281, Paris 1864.—Florez Estrada, ilustre econo-

tiene su razon de ser en la limitada naturaleza del hombre. Este no se basta á sí mismo y necesita apropiarse de las cosas de la naturaleza para poder vivir.

Hé aquí la primera razon de la propiedad, la necesidad. Por eso, antes que la razon nos diga que necesitamos las cosas para vivir, nos lo dijo el instinto; por eso la propiedad, antes de ser un derecho, fué un hecho. M. Thiers (1) dice á este propósito: «La propiedad existe en el estado más primitivo del hombre; el cazador salvaje es propietario de su flecha; el pastor nómada de sus rebaños. En época posterior los hombres se fijan en la tierra, y este hecho constante y siempre creciente viene á

---

mista español, dice: «Derecho de propiedad es la ámplia facultad para que el individuo disponga de la riqueza producida con su industria, ó de aquella que obtenida por otro hombre le haya llegado trasmitida en conformidad con los medios adoptados por la sociedad.» *Curso de Economía política*, tomo 1.°, cap. 3.°, pág. 56, sétima edicion, Madrid, 1852.—El *Código Napoleon* dice, art. 534: «Propiedad es el derecho de gozar y disponer de las cosas de la manera más absoluta, mientras no se haga uso contrario á las leyes y reglamentos.»—Nuestro Código pátrio las *Partidas* dice en su ley 1.ª, título 18, partida 3.ª: «Señorío es poder que ome ha en su cosa de facer de ella ó en ella lo que quisiere, segund Dios é segund fuero.»— El proyecto de Código nuestro dice: «Derecho de gozar y disponer de una cosa, sin más limitaciones que las que previenen las leyes y reglamentos.»

(1) *De la propiedad*, por M. Thiers, libro 1.°, cap. 3.°, que recomiendo á V. mucho, tanto por su profundidad de doctrinas, como por la belleza de la forma.

declarar sin duda alguna posible que la propiedad es una ley del hombre, que ha sido creado para ella, que es una ley de su especie, que es legítima por tener el consentimiento universal de todos tiempos y lugares.» (1)

Pero este derecho, que es legítimo, ha de ser *personal é individual*, porque el fruto, ya sea del trabajo ó de la ocupacion, no puede ser de todos, sino del que ocupó ó trabajó; porque todos, en cuanto somos indivíduos, tenemos el derecho de manifestarnos como tales indivíduos distintos de los demás séres semejantes, que por esto los filósofos han dicho que la propiedad personal ó privada es «la manifestacion y en cierto modo la proyeccion de la personalidad humana en el dominio material de las cosas. (2)

¿Cuál es el fundamento, el orígen del derecho de propiedad? (3)

---

(1) Como dice M. Faucher, *Diccionario de Economía política*, tomo 2.º, páginas 460 y siguientes.

(2) *Filosofía del derecho*, por H. Ahrens, parte especial, seccion 2.ª, lib. 1.º, cap. 2.º

(3) El célebre economista español Florez Estrada dice á este propósito: «Ningun economista, á pesar de hallarse penetrados, cuando no todos, los más, de que el respeto á tan sagrado derecho es condicion indispensable para la prosperidad de los pueblos, ha tratado de averiguar su orígen. Omision tan esencial no podia ménos de producir en la ciencia de la Economía política aberracio-

¿Es un acto individual (1), y por lo tanto se funda en la ocupacion (2) ó el tra-

---

nes muy funestas y de mucha duracion.» *Curso de Economía política*, por D. Álvaro Florez Estrada, tomo 1.º, cap. 3.º, nota de la página 56, Oviedo, 1852.—De parecida manera se expresa M. Faucher diciendo que la Economía política, investigando los principios que presiden á la formacion y distribucion de la riqueza, toma como punto de partida la propiedad, como verdad primera que se manifiesta en el orígen de la sociedad, que se encuentra universalmente consentida, que se la ha aceptado como una de las necesidades de la naturaleza humana y del órden civil, pero sin ocurrírsele nunca discutirla. Artículo sobre la propiedad, en el *Diccionario de Economía política*, de M. M. Ch. Coquelin et Guillaumin, tomo 2.º, pág. 460. Así ha sido, en efecto; los economistas no se ocupan del orígen de la propiedad.—Quesnay, jefe de los fisiócratas, encarece la importancia social de la propiedad sin buscar su orígen. Turgot hace lo mismo. Adam Smith, en su *Riqueza de las naciones*, apenas la nombra, suponiendo sin duda que tal materia pudiese ser orígen de dudas. Juan Bautista Say es más explícito y dice: «No es necesario, para estudiar la naturaleza y marcha de las riquezas sociales, el conocer el orígen de las propiedades ó su legitimidad. *Tratado de Economía política*, libro 2.º, cap. 4.º, y por este estilo todos los economistas dejaban, como dice Faucher, que esta cuestion la debatieran los filósofos y jurisconsultos.

(1) Acerca de estas teorías Ahrens dice que todas se parecen en que toman el derecho de propiedad como un acto de la voluntad, y se diferencian entre sí en que unas miran un acto del individuo como suficiente á constituir la propiedad, *Teorías de la ocupacion y del trabajo*, y las otras hacen intervenir un acto social, *Teorías de la ley y de la convencion*.

(2) Los jurisconsultos romanos admitieron este principio en sus decisiones, como lo prueba la compilacion de Justiniano cuando dice: «Quod enim nullius est id ratione naturali ocupanti conceditur;» *Digesto*, libro 41, tit. 1.º, fr. 3. Ciceron profesa esta opinion, como tambien Grotius, *de jure belli ac pacis*, libro 2.º, cap. 2.º, que dice que Dios concedió al género humano un derecho general sobre todas las cosas, de donde deduce que cada uno pudo tomar todas las que necesitase; hasta los hombres se dividieron en naciones y pueblos y luego partieron sus bienes entre familias. Estas doctrinas fueron despues sustentadas por Walf, *Instituciones de derecho natural y de gentes*; Puffendorf, *Derecho natural y de gentes*, tit. 4.º, cap. 4.º; Burlomaqui, *Principios de derecho natural*, y áun por Blackstone en sus *Comentarios á las leyes inglesas*.

bajo? (1) ¿Es un acto social, y por consiguiente se funda en la convencion (2), ó en la ley? (3) Cuestiones son estas, amigo mio, que nos llevarian muy lejos del objeto de esta carta, por cuya causa renuncio á explanarlas. Basta que no olvide V. lo dicho, á saber: que la propiedad es una necesidad á nuestra existencia; que como tal, manifestada por nuestro instinto, es un hecho; que este hecho, reconocido universalmente y consentido, es de-

---

(1) Esta teoría, que se ha llamado de la apropiacion de las cosas por el trabajo, es únicamente criticada por M. Rey en su *Teoria y práctica de la ciencia social*. Sin embargo, M. Thiers la profesa. Dice en su célebre obra *La Propiedad*: «Habiendo la sociedad civilizada sancionado por escrito el derecho de propiedad que halló existente como costumbre en la sociedad bárbara, la sancionó con el fin de asegurar, alentar y estimular el trabajo, por lo que puede decirse que el trabajo es la fuente, el fundamento, la base del derecho de propiedad.

(2) Kant, el filósofo de la doctrina *subjetiva* y del puro formalismo, es el que ha explanado en estos últimos tiempos esta teoría que, segun Ahrens, ha sido adoptada por la mayor parte de los autores en Alemania, y tambien continuada por Fichte, aunque algo alterada en cuanto su idealismo subjetivo modificaba tambien la doctrina de Kant.

(3) Montesquieu es de los primeros que fundó la propiedad sobre la ley. Dice este ilustre escritor: «Así como los hombres renunciaron su independencia natural para vivir bajo las leyes políticas, así tambien la mancomunidad natural de bienes para vivir bajo las leyes civiles. Con aquellas primeras leyes adquiere la libertad y con las últimas la propiedad.» *Del espíritu de las leyes*, por Montesquieu, tomo 3.°, libro 26, cap. 15. «Que no conviene arreglar segun las máximas del *Derecho político* lo que depende de las del civil, pág. 76, Madrid, 1821.» El jurisconsulto inglés Jeremías Bentham, que defiende tambien esta teoría, dice: «Para conocer mejor el beneficio de la ley, busquemos una idea clara de la propiedad. Veremos

recho tambien legítimo; por último, que debe tener el carácter individual, y podriamos añadir hereditario, para que sea verdadera propiedad.

Pues bien, amigo mio, aunque á V. le extrañe, esto es lo que niegan los comunistas, y es de advertir que tienen la pretension de presentarnos sus locas teorías como nuevas, no siendo más que plagiarios ridículos de antiguas teorías (1) y sistemas ya probados y

---

que no hay nada de propiedad natural, sino que ella es obra únicamente de la ley.» Al concluir este capítulo añade: «La propiedad y la ley han nacido juntas y juntas morirán. Anteriormente á las leyes no habia propiedad; suprimid las leyes, y toda propiedad cesará.» *Tratados de legislacion civil y penal*, obra extractada de los manuscritos de M. Jeremías Bentham, por Etdumont, tomo 1.º, *Código civil*, primera parte, cap. 8.º, páginas 196 y siguientes, Paris, 1830.

Muchos jurisconsultos modernos ingleses y franceses han seguido esta teoría para fundar la propiedad, como Toullier, *Derecho civil francés*, tít. 2.º, Blacktone, obra citada. Ya en 1789 el célebre orador Mirabeau decia en la Asamblea Constituyente: «Una propiedad particular es un bien adquirido en virtud de las leyes. La ley sólo constituye la propiedad.» Thouchet, uno de los redactores del *Código civil francés*, decia: «Sólo el establecimiento de la sociedad, sólo las leyes convencionales son la verdadera fuente del derecho de propiedad.» Discusion del *Código civil francés* en el Consejo de Estado, sesiones del 20 Vend., año 12 y siguientes, hasta la 27 Vend., año 12; *Recuerdo completo de las discusiones*, etc., tomo 2.º, páginas 277 y siguientes, Paris, 1867.

(1) Están conformes con esta opinion, entre otros muchos autores, los siguientes: M. Sudre, en su *Historia del Comunismo*, capítulo 1.º, pág. 5; M. Baudrillart, *Diccionario de Economía política*, tomo 1.º, páginas 421 y siguientes; M. Reiband, *Estudios sobre los reformadores modernos*, tomo 1.º, cap. 1.º, pág. 43; M. A. Frank, *El Comunismo ante la historia*, cap. 1.º, páginas 31 y siguientes.

retirados como indignos para dominar cualquier pueblo que de libre y civilizado se precia.

Como quiera que, á mi entender, la mejor refutacion de las escuelas comunistas y socialistas es exponer sencillamente su teoría, mostrar en toda su desnudez sus delirios y locas pretensiones, con gusto haria á V. una rápida reseña de las doctrinas sustentadas por los principales comunistas, desde el antiguo Platon, pasando por Tomás Moro, Campanella, Morelly, Mably, Brissot de Wawille, y los más modernos de Saint-Simon, Owen, Cárlos Fourrier y Cabet, hasta los que se llaman socialistas, Luis Blanc, Proudhon y Leroux; pero la índole y objeto de estas *Cartas* me lo impiden. Sin embargo, prometo á V., así que desempeñe la ocupacion presente que me obliga á salir de Madrid, escribirle algunas cartas sobre tan importante asunto, si lo desea usted y cree que pueden servirle de algo (1); que tratar de deshacer el error para poner en

---

(1) El autor de estas modestas cartas tiene redactadas otras, dirigidas tambien á un obrero, *Sobre el comunismo*, *Derecho al trabajo* y *La Internacional*, que publicará tan pronto como se lo permitan actuales y preferentes atenciones.

su lugar la verdad, así como desengañar á fanáticos ó ilusos, entiendo es obra meritoria, por más que sea, como en la presente, en la corta medida de las facultades de un modesto autor.

Los sistemas comunistas, por un sentimiento mal entendido de la igualdad, suprimen la libertad. La idea de igualdad es un error buscarla en la inteligencia: la de dos personas nunca es igual; uno tiene talento, otro no y es un necio; lo mismo sucede en la parte física, porque uno es siempre más alto, ó más feo, ó más gordo, etc., que el otro; sólo se puede encontrar en la idea de la libertad. «Por ella todos somos iguales; fuera de la libertad toda igualdad es una idea quimérica ó irrealizable.» (1) Este error de los comunistas es el cardinal de donde se derivan todos los demás: negada la libertad, se niega toda familia, propiedad, virtud, inteligencia, todo, en fin, reduciendo al hombre al estado de bestia. Pero no nos distraigamos: le diré dos palabras en explicacion del mal llamado derecho al trabajo y reanudaremos despues el hilo

---

(1) M. Baudrillart, *Diccionario de Economia politica* de M. Coquelin, tomo 1.°, páginas 421 y siguientes.

de esta carta, haciendo las aplicaciones convenientes.

«Dadme el derecho al trabajo y os dejo la propiedad,» decia Proudhon; y á la verdad que tenia razon, pues concediendo aquel derecho ésta seria ilusoria.

No quiero ofender á V. advirtiéndole la diferencia profunda que hay entre el *derecho de trabajar*, ó sea la libertad para trabajar, con el *derecho al trabajo* que nos ocupa. Sobre aquél algo dijimos en otra carta (1), lo suficiente para distinguir un derecho legítimo y sancionado hoy por la ciencia con una pretension injusta ó irrealizable.

Si consultamos en la historia, *lux veritatis* (luz, espejo de la verdad), como la llamaba Bossuet, el orígen de esta teoría, ella nos dirá los puntos de íntimo contacto que tiene con la comunista. Si como hecho observamos su nacimiento en la caridad obligada que estableció la reina Isabel (2) y Enri-

---

(1) *Carta segunda*, pág. 85.
(2) La reina Isabel de Inglaterra estableció en su tiempo (1556 á 1602) que las parroquias debian recoger á las personas que no tuviesen medios de subsistencia; para esto estableció tasas que debian ser pagadas por los habitantes de la parroquia, si no era bastante por los del distrito, y si aún era necesario por los del condado.

que VIII (1) en Inglaterra y algunos artículos de las Constituciones del 91 (2) y 93 (3) en Francia, como doctrina filosófica encontramos á la escuela falansteriana, que por boca de Víctor Hennequin (4), personaje de gran categoría en ella despues de Considerant, reclama el honor de la invencion para Fourrier, apoyándose en el pasaje de una obra (5) de

---

(1) Enrique VIII habia impuesto una multa á las parroquias que no recogiesen y mantuviesen á los que carecian de medios de subsistencia.

Así nació en Inglaterra la contribucion llamada *tasa de pobres*, restringida mucho el año 1834.

(2) En el tít. 1.º de la Constitucion de 1791 en Francia se ordenaba que «se crearia un establecimiento general de socorros públicos (*secours publics*) para educar niños abandonados, socorrer los pobres impedidos y abastecer de trabajo á los pobres validos que no hubiesen podido procurárselo.» Estas prescripciones copiadas de Inglaterra no recibieron aplicacion, siendo letra muerta que sólo figuraban en las leyes.

(3) El art. 21 de la Constitucion de 1793 dió un paso más: declara «que los socorros públicos son una deuda sagrada de la sociedad. La sociedad debe la subsistencia á los ciudadanos desgraciados, procurándoles trabajo ú otros medios de subsistencia para los impedidos.» El derecho á la asistencia se ve reconocido en esta fórmula, pero no podemos juzgar de su efecto porque el Gobierno revolucionario suprimió la Carta constitucional desde su promulgacion. Despues ninguna de las Constituciones que se han sucedido en Francia repiten la fórmula dicha. En 1848 se suscitó en la Asamblea francesa esta cuestion. Véase *El derecho al trabajo en la Asamblea nacional*, por Joseph Garnier.—Paris 1848.

(4) En un banquete en el aniversario de Fourrier, á cuya escuela pertenecia. Véase «Notas y explicaciones de las principales fórmulas socialistas,» *Journal des Economistes*.

(5) *Teoría de la unidad universal.*

este célebre reformador. Un periódico (1) propagador de las doctrinas de este comunista ha apoyado la afirmacion.

Vea V. con cuánta razon la teoría del derecho al trabajo puedo llamarla hija legítima y primogénita de la comunista. Pero áun suponiéndola lavada del vicio de nacimiento, es, como todas las doctrinas socialistas, irrealizable en la práctica. Ni el Estado puede quitar á unos para dar á otros, que en último resultado esto se pretende, ni puede dar trabajo adecuado al oficio ó pretension de cada uno, ni dar el salario sin trabajo, porque esto ya seria derecho á la vagancia, ni puede ser empresario de toda clase de industrias, ni...., en fin, ¿á qué proseguir? es un delirio, el sueño de un loco, ilusiones de una imaginacion enferma, la ruina de la moralidad y civilizacion del mundo. ¡Ah, amigo mio! «¡Lástima es, como dice Frank (2), que los inventores y propagadores de esas doctrinas falsas no las prueben y practiquen por ellos mismos, en lugar

---

(1) *La democracia pacífica* de la escuela de Fourrier—Véase «Notas y explicaciones de las principales fórmulas socialistas,» *Journal des Economistes.*—Julio de 1848, tomo 20, pág. 875 y siguientes.

(2) *El comunismo juzgado por la historia*, conclusion, cap. 6.°, pág. 89.

de extraviar á los obreros que no son, añado yo, inteligentes y estudiosos como V., bien que ciertos predicadores no se dirigen más que á los ignorantes (para engañarlos con fines políticos, y aún ménos mal si sólo son políticos) y gentes del campo que sin reflexionar bastante (poco se necesita) creen en sus absurdas teorías.» Y esto es porque, como dice M. Corbon (1), «despues de conocer y estudiar bien el comunismo, he adquirido la conviccion de que no son obreros ni nunca han pertenecido á la clase obrera los iniciadores y propagandistas de esas ideas tan erróneas como perjudiciales.»

Basta ya de digresion, disculpable sólo, como le dije, por estar la cuestion llamada social sobre el tapete y ser de suyo importantísima y presentarse amenazante y con negros colores pidiendo pronta resolucion, si es que la tiene.

Volviendo á la cuestion y repitiendo la pregunta, entre los medios de evitar el momentáneo y transitorio mal de la desocupacion temporal de obreros, ¿podremos admitir

---

(1) *El Secreto del pueblo de Paris.*—Paris, 1863.

el de comunidad de máquinas? La respuesta no la daré yo, sino V., conociendo lo que es la teoría comunista. ¿La admitiria V. para las máquinas? Estoy seguro que contestará usted que no. ¿Por qué razon la propiedad de la invencion no ha de ser de su inventor? ¿Por qué aquella propiedad no ha de pertenecer á su dueño? Otra cosa seria injusta ó imposible tambien, porque se acabarian las invenciones en el momento que se privase al hombre estudioso y aplicado del legítimo fruto de su trabajo y aprovechamiento. Toda propiedad debe ser respetada y garantida por la sociedad, y en su representacion por el Estado, porque sin esa garantía, como dice M. Thiers, ¡adios trabajo! y sin trabajo ¡adios civilizacion! y sin civilizacion viene la miseria, el robo, la venganza y la barbarie.

¿Qué ventajas sacaria la clase obrera de ser las máquinas comunes? Ninguna: siendo de todos, el Estado en nombre de la sociedad las utilizaria, seria el empresario; y si con las ganancias de la invencion de las máquinas pagaba á obreros que no trabajaban, seria reconocer, mejor dicho, practicar el comunismo; además seria injusto sobremanera al conceder el mismo salario á los obreros que no necesitaba, y por tanto que no trabajan, que á los que se quedasen desempeñando su oficio y trabajaran al lado de las máquinas.

Desechemos, pues, estas doctrinas erróneas, injustas, perjudiciales á la clase obrera ó irrealizables en la práctica, delirios insensatos, verdaderas utopias que sólo pueden merecer aceptacion y aplausos de los ignorantes engañados ó de los que, siendo instruidos, se dejan por otros fines engañar.

Desechados todos los medios ideados por diferentes economistas ó escritores para remediar el mal transitorio de paralizacion de trabajos y desocupacion de obreros de que V. me hablaba antes, ¿cuál es el que V. propone, Sr. X....? (1)

Segun cuenta M. Chevalier (2), en el Parlamento inglés se discutió esta cuestion, y M. Senior, cuyas obras de Economía política son muy conocidas, en un informe notable que leyó propuso como remedio lo siguiente: 1.º Aumentar el comercio exterior modifican-

---

(1) Véase la nota de la pág. 20, *Carta primera.*
(2) *Curso de Economía política* en el colegio de Francia, Bruselas, 1857, leccion 6.ª, pág. 109.

do en sentido liberal las tarifas de aduanas. 2.° Favorecer las emigraciones de los obreros desocupados á las colonias. 3.° Fomentar la educacion de los mismos.

M. Chevalier (1) dice que siendo el trabajo el patrimonio del obrero, el único remedio para todos los males de la mecánica es el trabajo. Cita en comprobacion los Estados-Unidos, país donde existen más máquinas y donde no se verifican esas crísis.

«Además, dice este escritor, si las máquinas privan del trabajo al obrero en algun caso, se debe principalmente á la mala organizacion de la industria, pero no porque ese efecto sea necesario, sino contingente, como llaman los metafísicos.» «Yo diré más, añade, es contrario á la naturaleza de las cosas. Porque ¿hay nada ménos natural que empobrecerse alguno por efecto de la riqueza de todos?»

Por mi parte acepto los remedios propuestos por M. Senior, á excepcion del segundo, pues favorecer la emigracion no me parece conveniente en un país como el nuestro, donde hacen falta brazos para la agricultura.

---

(1) Obra citada, leccion 6.ª, pág. 119.

Acepto tambien las ideas de M. Chevalier, pero añado el remedio propuesto por monsieur M. Droz de dar trabajo el Estado á los obreros desocupados por la introduccion de la nueva máquina durante esas crísis transitorias, pero por poco tiempo y sin reconocer nunca ningun derecho en los obreros á pedir este trabajo.

Yo reconozco que las máquinas, como toda obra humana, presentan este inconveniente, que en esta vida terrena parece condicion precisa que todo tenga su derecho y su revés, su cara y su anverso, su lado bueno y su lado malo, algo de divino, en fin, y mucho de humano. Esto le pasa tambien á las máquinas, y lo digo aunque soy uno de sus más entusiastas defensores; pero declaro al mismo tiempo que son tantas y tan grandes las ventajas que producen á todas las clases de la sociedad, tantos los beneficios que proporcionan á la humanidad, que ante este número y esta grandeza casi desaparece el único pequeño y transitorio mal que producen. ¿Qué son los pequeños granos de arena al lado de las grandiosas montañas de los Alpes? ¿Qué son los manantiales y sus débiles corrientes al lado del imponente mar y sus horribles tempestades? Nada: en la comparacion desaparecen, se evaporan como las ilusiones engañosas ante tristes realidades.

Concluyo esta mi última carta con las palabras de Garnier que en su encabezamiento puse: «Sólo los bárbaros han podido soñar en proscribir las máquinas.»

Soy de V. afectísimo amigo S. S. Q. B. S. M.

Ulpiano Gonzalez de Olañeta.

# CARTA SEXTA.

### BIBLIOGRAFIA.

Sumario.—Ensayo de una reseña razonada de los libros de Economía política que tratan especialmente la cuestion de las máquinas.— Conclusion.—Consejos á los obreros.

**Sr. D. N. N.**

Madrid 15 de Enero de 1873.

*La bibliografía es la antorcha que alumbra á los estudiosos.*

Estimado amigo: En su apreciable última me ruega no ponga término á estas pobres cartas sin indicarle algunos libros donde pueda en sus ratos de ócio estudiar la cuestion de las máquinas bajo su aspecto económico. Aunque V. protesta que mis razonamientos le han convencido y disipado, por consiguiente, algunos recelos que abrigaba tanto V. como sus compañeros de trabajo respecto á los inmensos beneficios que á la humanidad entera han reportado las máquinas, figúraseme, y no se incomode por ello, que es algo desconfiado y que su objeto es cerciorarse todavía sobre la utilidad de estos elementos necesarios del trabajo.

Voy á complacer á V. con muchísimo gusto, pero permítame le haga préviamente algunas advertencias. Es la primera que, en general, todos los libros de Economía política tratan de esta cuestion; pero como no son todos, y V. además lo pide, he pensado que sabiendo el tomo, capítulo y página es más fácil buscarlo; por eso accedo á lo que V. me suplica. La segunda, que sólo citaré los libros que he examinado, no dando noticias de referencia de otros autores, sino propias, y cuando así no suceda se lo advertiré. La tercera es hacer observar que, aunque en las notas del curso de estas epístolas he citado siempre las obras en nuestro idioma, ahora pondré los títulos en el lenguaje en que se hallen, para facilitar así su encuentro si desea buscar alguna, y si usted ignora los diversos idiomas no es obstáculo para que deje de hacerlo así, pues puede alguno de sus compañeros ser extranjero ó haber permanecido en países extraños algun tiempo y conocer su lengua. Cuárta, no olvide usted que estos apuntes, más bien que bibliografía, no son más que un ensayo, y presumo con razon que como primero en España y fuera de España (al ménos, que yo conozca) (1) sobre este particular punto de la Economía política, ha de salir sobrado imperfecto ó incompleto. Rogando á V. tenga presentes estas advertencias, comienzo á complacerle citando por órden alfabético los autores y títulos de las obras que en particular de las máquinas hablan.

BARBAGE (CH.).—*Traité sur l'economie des machines et des manufactures*, traduit de l'anglais par Ed. Biot, Paris, 1833, un volúmen en 8.° Este autor hace notar perfectamente con rigurosa exactitud los maravillosos resultados que en la industria, en la dignidad y en la parte física del hombre han producido las máquinas.

BARREAU (TH. H.).—*Conseils aux ouvriers*, ouvrage couronné par l'Academie française, Paris, 1852, seconde edition, libro 9.°, capítulo 4.°, páginas 222 y 224. En la primera parte del capítulo enumera las inmensas ventajas de las máquinas, deshaciendo el error de algu-

---

(1) M. Garnier, en su artículo sobre máquinas, en el *Diccionario de Economía política* de Coquelin, no cita más que á Say, Chevalier, Florez Estrada y Proudhon.

nos obreros, que creen son perjudiciales á sus intereses, siendo precisamente lo contrario, pues multiplicando los productos, economizando el tiempo y el trabajo que su fabricacion exige, aumentan el bienestar general. En la segunda parte del citado capítulo responde cumplidamente á las objeciones que contra las máquinas se han hecho, y concluye diciendo:

«Lejos de ser enemigas de los obreros, ellas ennoblecen y levantan su posicion haciendo la parte penosa y material y dejando al obrero sólo lo que pide inteligencia y entendimiento. Ellas son para el industrial lo que el buey y el caballo para el agricultor, la fuerza bruta para el animal, la direccion y la inteligencia para el hombre.»

BASTIAT (F.).—*Ce qu'on on voit et qu'on ne voit pas*, 1850, folleto. Se encuentra traducido en la revista de Economía política titulada *El Economista*, por el Sr. Hernandez Amores, Setiembre, 1854, páginas 269 á 375. (Véase la *Carta cuarta*, nota de la pág. 90.)

BAUDRILLART (M. H).—*Manuel d'Economie politique*, Paris, 1857, un volúmen en 8.°, «Máquinas,» segunda parte, cap. 4.°, párrafo 3.º Dos cosas deben probarse, segun este autor, al hablar de las máquinas: primera, que la sociedad en masa realiza inmensos beneficios; y segunda, que en tésis general, y por lo que nos enseña la experiencia, la clase obrera, á quien al parecer perjudica, tiene que encontrar, debe encontrar la primera estos beneficios. Cita el folleto de Bastiat, *Lo que se ve y lo que no se ve,* y la *Historia del hilado del algodon,* de M. Baices. Aconseja consultar á M. Courcelle-Seneuil, *Traité theorique et practique des entreprises industrielles, comerciales et agricoles.*

BERNARD (T. N.).—*Les lois economiques,* Paris, 1851, «Máquinas,» cap. 15, páginas 316 á 330. Despues de exponer las excelencias de estas, dice: «Que los obreros no comprenden sus verdaderos intereses cuando promueven motines y disturbios por la introduccion de nuevas máquinas. Sin las máquinas, concluye, no hay sociedad, no hay civilizacion.»

BERGERY (C. L.).—*Economía industrial,* traduccion del Sr. D. Luis Francisco Silvesre, «Máquinas,» tomo 1.º Las defiende porque aumentan el consumo y crece el salario;

cita los ejemplos de los hilados del algodon, imprenta, relojes, etc. Este autor da consejos á la clase obrera, y dice así: «El interés del obrero le prescribe vivir con sosiego, no causar ningun desórden público, respetar las propiedades, no tomar parte en ningun tumulto, no mezclarse en ninguna maquinacion política, en una palabra, obedecer á las leyes; cuando estas se infringen se incurre en las penas que las mismas señalan, se arriesga la libertad ó la vida, se conmueve el edificio social y, por consecuencia, se exponen á experimentar una gran disminucion de salario. Pág. 149.

BLANQUI.—*Histoire de l'Economie politique depuis les anciens jusqu'a nos jours*, Paris, 1860. En esta notable obra el autor se ocupa de la revolucion que hicieron las máquinas en la industria, tomo 2.°, cap. 38, páginas 166 y siguientes.

BLANQUI (A.).—*Tratado elemental de Economía política*, precedido de una introduccion histórica, traduccion del Sr. D. Baltasar Anduaga Espinosa, Madrid 1843, libro 1.°, capítulo 4.°, leccion 2.ª, páginas 71 á 77. Dice que la industria es como un hombre, cuya cabeza es la direccion, el cuerpo el capital representado en el empresario, y los brazos el obrero. Defiende las máquinas, añadiendo que si tuviesen algunos inconvenientes no por eso podrian suprimirse, sopena de contener el progreso mismo.

BLOCK (M. MAURICE).—*Dictionnaire general de la politique,* Paris, 1864, tomo 2.°, página 237. Dedica este autor un artículo á las máquinas y dice en uno de sus párrafos: «La cuestion de las máquinas puede considerarse como juzgada ya. La máquina reina y gobierna; este es un hecho sabido, consentido y aceptado. Ella ha creado multitud de industrias nuevas y trasformado las antiguas.» Y al final del artículo citado concluye así: «En resúmen, es prematuro asegurar y querer determinar desde ahora toda la influencia en la industria de las máquinas; su era no ha hecho más que principiar, y no hemos podido todavía comprender y apreciar todas las ventajas que deben producir. Si tienen, como todas las cosas de este mundo, algunos inconvenientes, probablemente en ellas mismas encontraremos los medios de atenuar estos efectos.

Boccardo (Gerolamo).—*Trattato teorico di Economia politica, seconda edizione*, «Máquinas,» tomo 2.°, cap. 4.° Defensor de las máquinas con los datos de las manufacturas de algodon, prueba los beneficios que las máquinas han producido á todos, y en particular á la clase obrera.

Borrego (Andrés).—*Principios de Economía política*, con relacion á la reforma de aranceles de aduanas, á la situacion de la industria fabril de Cataluña y al mayor y más rápido incremento de la riqueza nacional, capítulo 1.° En este capítulo dedica una seccion á máquinas. En resúmen, presenta seis ventajas de las mismas. Copia algunos párrafos de una obra de M. Burges, profesor de Economía política en la universidad de Cambridge, adversario de las máquinas, y con sólidas razones combate sus argumentos.

Carballo (Benigno).—*Curso de Economía política*, Madrid, 1856, «Máquinas,» 1.ª parte, leccion 24, pág, 274. Defiende las máquinas demostrando sus ventajas, se hace cargo del folleto de Bastiat, responde á las objeciones de Sismondi y concluye diciendo: «Que si tienen algun inconveniente la ciencia puede estudiar el mal, pero no oponerse á las invenciones.»

Carey (H. C.).—*Principles of political Economy*, Filadelfia, 1838. Este autor no dedica en su obra un capítulo especial para las máquinas; pero al hablar extensamente del capital hace algunas consideraciones sobre ellas y por eso lo citamos.

Carion Nisas, *fils* (A.).—*Principes d'Economie politique*, Paris, 1825, cap. 13, páginas 32 á 35. En este capítulo, que lleva por título «Industria manufacturera,» defiende á las máquinas: 1.°, porque aumentan la producción; 2.°, porque las ventajas que proporcionan son grandes y permanentes; 3.°, porque si hay algun mal es transitorio y molesta sólo á una pequeña parte de la sociedad; 4.°, porque abre nuevas fuentes de riqueza; y 5.°, porque adoptándolo una nacion tienen que hacerlo todas ó se perjudican.

Carreras y Gonzalez (Mariano).—*Tratado didáctico de Economía política*, Madrid, 1865, libro 1.°, cap. 5.°, páginas 92 á 98. Examina los efectos económicos, morales y políticos de las máquinas contestando á las observaciones de Montesquieu y Sismondi.

CHEVALIER (MICHEL).—*Cours de Economie politique fait au College de France*, tomo 1.º, lecciones 4.ª, 5.ª y 6.ª Trata extensamente esta cuestion, refutando victoriosamente los argumentos, ya principales, ya secundarios, que contra las máquinas se han hecho. Expone sus ventajas, estudia el mal de la paralizacion momentánea de trabajos y concluye diciendo: «El único remedio contra los males de la mecánica es el trabajo.» Pág. 119.

COLLIGNON (M. E.).—*Les Machines*, Paris, 1873. Este autor, que dedica la mayor parte de su obra á la mecánica, dice, sin embargo, en su introduccion, pág. 6, que su trabajo seria incompleto si no las examinase bajo el punto de vista económico y moral, y en efecto, despues de hacer una breve historia de las máquinas en la Economía política, consagra todo el cap. 3.º á consideraciones económicas, ensalzando con entusiasmo las máquinas y asegurando que ellas contribuyen en primer término al progreso general humano.

COLMEIRO (MANUEL).—*Economía política ecléctica*, tomo 1.º, cap. 11. En el *Journal des Economistes*, tomo 12, páginas 81 á 83, Monsieur Passy cita y alaba esta obra. Segun el Sr. Colmeiro, las ventajas de las máquinas son ocho, á saber: 1.ª, aumento de la fuerza animal; 2.ª, ahorro para el hombre de trabajo ímprobo; 3.ª, economizan gastos de produccion; 4.ª, ponen al alcance de modestas fortunas variedad y cantidad de productos; 5.ª, contribuyen al aumento del capital nacional; 6.ª, extienden el mercado exterior y facilitan por este medio retornos lucrativos (esta ventaja 6.ª la pone D. Andrés Borrego en la obra ya citada); 7.ª, facilitan á las mujeres un trabajo digno y proporcionado á sus fuerzas; 8.ª, alivian á los padres menesterosos de la carga de una numerosa familia.

COLMEIRO (MANUEL).—*Principios de Economía política*, parte 1.ª, cap. 11, pág. 84. Esta obra es una reimpresion de la antes citada, aunque muy modificada. Enumera las ventajas y contesta concretamente á las objeciones, y haciéndose cargo particularmente de la de Sismondi concluye diciendo: «La máquina es un progreso, y el progreso, tarde ó temprano, rinde frutos de civilizacion ciertos, sazonados y copiosos.

Colmeiro (Manuel).—*Historia de la Economía política*, Madrid, 1863. Cito esta importante obra, porque de ninguna manera se adquiere el convencimiento de los beneficios de las máquinas como leyendo lo que era la industria manufacturera en nuestra pátria antes de conocerlas.

Coquelin et Guillaumin.—*Dictionaire d'Economie politique*, tomo 2.°, páginas 115 á 123, artículo firmado por M. Garnier. (Véase este nombre.)

Ciclopedia *of political constitutional statiscal and forensic Kenowlege*. Este Diccionario inglés trae un artículo (tomo 3.°, páginas 297 á 304) sobre máquinas muy curioso, consignando datos sobre el aumento de poblaciones por las máquinas y otros muchos interesantes.

Dalloz (M. M.).—*Resúmen histórico y teórico de la ciencia económica*, Madrid, 1850, art. 3.°, leccion 2.ª, páginas 125 á 135. Siguiendo á los Sres. Chevalier y Garnier enumera las ventajas de las máquinas y se hace cargo de las objeciones de Sismondi.

Droz (Joseph).—*Economie politique au principes de la science des richeses*, libro 3.°, cap. 5.º, páginas 196 y siguientes. Despues de enumerar los beneficios de las máquinas y exponer las razones por qué es imposible prohibirlas, dice que el inconveniente de paralizacion momentánea de trabajadores se puede atenuar mucho ó hacer desaparecer empleando á los obreros en trabajos públicos durante el corto tiempo que aprende otro oficio ó que el aumento de produccion vuelve á llamarlo á la anterior industria.

DUTENS (F.).—*Philosophie de l'Economie politique*, «Máquinas,» tomo 1.º, cap. 6.º, páginas 38 y 49. Dice este autor: «Sobre las máquinas yo diré que si se puede concebir el término donde se para la civilizacion, donde se acaban los deseos y las necesidades de los hombres reunidos en sociedad, entonces se podrá decir con razon que las máquinas sobran, que son funestas y perjudiciales; pero mientras no se pueda decir lo primero es imposible asegurar lo segundo.»

DUNOYER (CHARLES).—*La liberté du trabail*. En esta importante obra, la mejor sobre esta materia, dedica un capítulo á la industria manufacturera, donde se hace relacion á las máquinas. En el tomo 2.º, cap. 38, expone las circunstancias que debe reunir una buena fábrica ó taller.

Economista (El).—*Revista de Economía política*, publicada el año 1854. Un artículo sobre máquinas, firmado por el Sr. Hernandez Amores, páginas 219 á 375.

Florez Estrada (Alvaro).—*Curso de Economía política*, Madrid, 1852, primera parte, cap. 9.°, páginas 114 á 127. De esta obra dijo Blanqui en la *Historia de la Economía política* que es una de las más notables que se han publicado desde Smith acá. Trata extensamente de las máquinas, mejor dicho, de sus efectos, contestando á todas las objeciones principales que contra ellas se han hecho.

Gaceta Economista, 2 de Junio 1861.—Discusion en la Sociedad libre de Economía política sobre el tema siguiente: «Influencia de la industria moderna en la condicion de la mujer.» Durante la misma se hicieron extensas consideraciones sobre el trabajo de la mujer en las fábricas y sobre las ventajas que para ésta han introducido las máquinas.

Garnier (Joseph).—*Traité d'Economie politique, exposé didactique des principes et des applications de cette science et l'organisation economique de la societé*, quatrieme edition, Paris, 1860, primera parte, tercera leccion, cap. 14, páginas 220 á 242. Trata y desarrolla este autor los siguientes puntos: Poder de las máquinas, pág. 221.—Efectos económicos y morales, pág. 226.—Objeciones que contra ellas se han hecho, pág. 231.—Paralizacion momentánea de los obreros y circunstancias que atenúan este inconveniente, página 237. En el *Diccionario de Economía política* de Coquelin el artículo «Máquinas» está firmado por este autor, desarrollando los mismos puntos que en su obra.

GASPARIN (AUG.).—*Considerations sur les machines*, Paris, 1835. Este folleto fué leido en la Sociedad de agricultura, historia natural y artes útiles de Lion el año 1833, ó impreso por cuenta de la Sociedad. Expone los efectos morales que las máquinas han producido, refutando los inconvenientes que algunos quieren atribuirlas.

HAMON (L.).—*Essai sur le progres des institutions economiques*, Paris, 1856. En la seccion 4.ª se ocupa de la industria; dice que la produccion necesita tres agentes: materia productiva, trabajo productor é instrumentos del trabajo. Aquí comprende las máquinas, aunque nada notable dice sobre ellas.

JOURNAL DES ECONOMISTES.—Esta importante é interesante publicacion, redactada por los más ilustres economistas franceses, debe ser leida por cuantos estudien cualquier cuestion económica. En este sentido la citamos, aunque no recordamos haber leido ningun artículo ocupándose especialmente de las máquinas.

LAUDERDALE (LE COMPTE DE).—*Recherches sur la nature et l'origine de la richesse publique et sur les moyens et les causes qui concourent á son acreissement, traduit de l'anglais par E. Lagentie de Lavaise*, cap. 3.°, pág. 118. Habla de las máquinas, y entre otras cosas dice: «De todos los capitales del Estado ninguno tan lucrativo como el destinado á las máquinas.»

LOWBRY (MAD.).—*Conversaciones sobre Economía política*, tomo 1.°, conversacion 5.ª, páginas 111 y siguientes. Defiende las máquinas y pone ejemplos convincentes.

LUXÁN (EXCMO. SR. D. FRANCISCO DE).—*Memoria de la Exposicion internacional de Lóndres de* 1862, Madrid, Imprenta Nacional, 1863. Este distinguido personaje político, general del cuerpo de artillería y ex-ministro de Fomento, fué nombrado presidente de la comision que con encargo de estudiar y representar en los jurados á España pasó á Lóndres el año 1862, y con tal motivo publicó á su vuelta la Memoria á que hacemos referencia. En el exámen de las clases 5.ª, 6.ª, 7.ª y 8.ª se ocupa de las máquinas en general. En el estudio de la clase 9.ª de las máquinas dedicadas á la agricultura. Recomendamos esta obra, pues por la lectura se pueden apreciar los adelantos que ha hecho la maquinaria en los últimos modernos tiempos.

MADRAZO (SANTIAGO DIEGO).—Anúnciase la publicacion de una obra de Economía política de este distinguido profesor de la universidad Central. Aun sin conocer la obra la recomendamos, en la seguridad de que tratará la cuestion de las máquinas con extension y profundidad, pues conocemos sus explicaciones en la universidad, y áun algunos apuntes que hicimos siendo sus discípulos han sido consultados para este modesto trabajo.

MAC-CULLOCH.—*Principles of political Economy*, parte 2.ª, seccion 5.ª Se ocupa de las máquinas este autor, de quien Florez Estrada dice que, en su concepto, es el economista más notable, despues de Smith, de cuantos ha tenido Inglaterra. En la pág. 42 refuta algunas ideas de Malthus.

MELLADO, *Enciclopedia moderna.*—En el tomo 26, pág. 1024 de esta obra y su artículo anónimo, se hacen algunas observaciones sobre las máquinas, tomadas del folleto de M. Gasparin, que en su lugar hemos citado.

OLIVIER (TH.).—*Principes d'Economie politique,* Tournai, 1855, parte 2.ª, cap. 1.º No habla especialmente de las máquinas, pero trata extensamente las invenciones, con cuyo motivo hace referencia á aquellas.

OTT (M.).—*Traité d'Economie sociale ou l'Economie politique coordonnee au point du vue du progres,* segunda parte, libro 7.º, capítulo 1.º, páginas 631 á 635. Defiende las máquinas y dice que si algun inconveniente presentan este es pasajero, y que tambien sucede en países en donde no hay máquinas. Para atenuarlo desea que el obrero sea instruido, *que haga ahorros.*

PROUDHON.—*Sistema de las contradicciones económicas ó filosofía de la miseria,* traduccion del Sr. Pi y Margall, Madrid, 1870, primera parte, cap. 4.º, páginas 173 á 224. Se ocupa extensamente de las máquinas, defendiéndolas, aunque tambien las cree causa del pauperismo. 1.ª seccion. «Papel que desempeñan las máquinas en sus relaciones con la libertad.» 2.ª «Contradiccion de las máquinas, orígenes del capital y del salario.» 3.ª «Preservativos contra la influencia de las máquinas.

RAPET (M. F. F.).—*Manuel de morale et d'Economie politique, ouvrage couronné par l'Academie des sciences morales et politiques, troisieme edition*, Paris, 1870, diálogo 18, páginas 322 á 335. Por boca del sábio médico Dupré enumera este autor los beneficios de las máquinas, que dice «son el más grande servicio que la inteligencia ha podido prestar al hombre.» Reconociendo el pequeño y momentáneo inconveniente que alguna vez presenta la introduccion de una nueva máquina, expone las circunstancias que lo atenúan, y concluye exclamando: «¿Quién no se considera feliz y satisfecho al ver realizarse en la vida cuanto levanta la dignidad del hombre, y en particular del obrero?»

Rondelet (Ant.).—*Du spiritualisme en Economie politique*, Paris, 1858, primera parte, párrafo 12, páginas 44 y siguientes. Cree que la cuestion de las máquinas es más bien moral. Se lamenta que esta cuestion se lleve á las calles y campos por medio de motines y alborotos, en lugar de discutirla sólo la ciencia. Es partidario de las máquinas.

Ricardo (David).—*Principes d'Economie politique et de l'impot*, tomo 1.º, pág. 371. Investiga el papel que representan las máquinas en la industria, afirmando su opinion de que si en algun país se prohibieran seria peligrosísima reforma, pues si al capital se le coarta la facultad de emplearse como mejor le parezca emigra á otros países donde haya esa facultad.

Rossi (P.).—*Cours d'Economie politique*, Bruselas, 1842, segunda parte, leccion 10, páginas 152 á 167. Defensor de las máquinas, aunque manifiesta temores sobre los males que pueden producir á su introduccion, dice no necesitan defensa, porque ellas solas se defienden, pues nadie puede detener el progreso de la industria. Refiere una conversacion de un obrero, el que manifestaba habia ganado en salario, facilidad del trabajo y consideracion social desde la introduccion de una máquina en la fábrica donde antes trabajaba.

SAY (JUAN BAUTISTA).—*Tratado de Economía política*, traduccion de D. José Antonio Ponzoa, Madrid, 1838, tomo 1.°, libro 1.°, cap. 7.°, pág. 41. Defiende las máquinas, pero más extensamente lo hace en su otra obra *Curso completo*, etc.

SAY (JEAN BAPTISTE).—*Cours complet d'Economie politique practique*, tercera edicion, Paris, 1852, primera parte, cap. 18, páginas 180 y siguientes. Con extension defiende á las máquinas de los injustos ataques de que han sido objeto. En el capítulo siguiente, ó sea el 19, se ocupa de la revolucion que experimentó el comercio con la invencion de las máquinas de algodon.

SAGRA (RAMON).—*Lecciones de Economía social dadas en el Ateneo de Madrid el año de 1840*, leccion 4.ª, páginas 119 y siguientes. No niega los beneficios de las máquinas, pero teme el incremento de la industria manufacturera.

SIMON (JULES).—*L'ouvriere*, Paris 1871, *septieme edition*. Esta obra se halla dividida en cuatro partes: en la primera, cap. 1.°, expone los adelantos de las industrias manufactureras y hace consideraciones notables bajo el punto de vista de la moral y sobre el trabajo de la mujer en los talleres.

SISMONDI (J. C. L.).—*Nouveaux etudes sur l'Economie politique*, libro 4.°, cap. 8.° Este autor, siguiendo á Montesquieu y llevado, como dice Chevalier, de una filantropía exagerada que daña más bien que aprovecha á la clase obrera, es uno de los pocos economistas adversarios de las máquinas.

SMITH (ADAM).—*Investigacion sobre la riqueza de las naciones*. Este autor, padre de la Economía política en Europa, segun Blanqui, al hablar de la division del trabajo trata tambien de las máquinas; pero no se distinguen bien sus argumentos por estar mezclados, como decimos, con la otra cuestion.

SCHULZE (DELITZSCH).—*Cours d'Economie politique a l'usage des ouvriers et des artisans par..... Traduit par Benjamin Rampal*, Paris, 1874. Este notable autor consagra al capital y las máquinas el discurso segundo, tomo 2.°, haciendo profundísimas reflexiones en los párrafos 5.° y 6.° sobre su influencia en la clase obrera y en la civilizacion contemporánea.

TRIBUNA DE LOS ECONOMISTAS, tomo 2.°, número 4, 1857. En la reseña de las discusiones que por entonces habia en la Sociedad libre de Economía política, el Sr. Figuerola propuso este tema: «Causas que dificultan en nuestro país la aplicacion de las máquinas á la industria agrícola.» Tomaron parte en el debate los ilustrados economistas Sres. Echegaray, Pellon y Rodriguez, Maldonado, Bona (D. Félix), Rua Figueroa, Umbas y algun otro.

VALLE (EUSEBIO MARIA).—*Curso de Economía política*, Madrid, 1842, seccion 2.ª, capítulo 8.°, pág. 469. Defiende las máquinas y se lamenta que algunos se aprovechen de las ideas de Sismondi, para en un dia de tumulto destrozar máquinas y quemar fábricas.

VALLE-SANTORO (MARQUÉS DE).—*Elementos de Economía política con aplicacion particular á España*, cap. 7.°, páginas 13 y 14. Cree que si las máquinas producen algun mal los Gobiernos deben remediarlo.

VILLAUME (M.).—*Nouveau traité d'Economie politique*, tomo 1.°, libro 2.°, párrafo 7.°, pág. 108. Defensor de los inventores de máquinas. Las crísis que se dice producen, existen tambien en donde no las hay.

———

Muchos más autores habrá que traten de las máquinas; no los he visto y examinado, y por eso no los cito.

Queda V. complacido, amigo mio, en la escasa medida de mis débiles fuerzas; pero al despedirme por ahora definitivamente de usted me ha de permitir darle un consejo, así como á sus honrados compañeros.

Amigos obreros: No creais, aunque os lo digan, que está mal organizada la sociedad; no espereis ver planteadas jamás las teorías comunistas; son absurdas, son injustas, son impracticables; si se realizasen, los hombres llegarian al estado salvaje, la sociedad concluiria. Si notais en ella algunos grandes vicios y funestos errores dignos de correccion, nosotros, y nadie más que nosotros, somos los culpables. En la época actual á todas las clases de la sociedad les hace falta más morali dad, más instruccion, más libertad, más fé en Dios.

Sin sentimientos morales y religiosos, sin la práctica severa de la libertad, y no digo órden porque para mí la libertad no tiene más que una acepcion, y ésta siempre lo supone, sin una sólida y sana instruccion que nos haga conocer nuestros deberes al lado de nuestros derechos y nos impida exigir estos sin saber la práctica de aquellos, la sociedad no adelantará un paso en la senda fácil, feliz, hermosa y florida del progreso.

Si alguna vez os solicitan esos predicadores de oficio, cuyo auxilio os piden para el dia de la lucha, pensando pagaros con triste olvido el dia, si alguna vez llega, de la victoria, rechazadlos, no los oigais, que para sus particulares fines no reparan en causar vuestra perdicion. Y si alguna vez toman el pretexto, para alborotaros y que sirvais á sus planes, de la introduccion de alguna máquina en vuestro taller ó fábrica, contestadles: «Nosotros no rechazamos las máquinas, porque no podemos rechazar el adelanto, el perfeccionamiento, la cultura y el progreso, que ellas son, como nos dice X...., la expresion más genuina y grande de la civilizacion de nuestro siglo; no las rechazamos porque ellas son, como dijo Proudhon, la insignia de nuestro dominio sobre la naturaleza, el atributo de nuestro poder, la expresion de nuestro derecho, el emblema de nuestra personalidad y *el símbolo*, en fin, *de la libertad humana.*»

Disponga como guste de su afectísimo amigo y S. S. Q. B. S. M.

Ulpiano Gonzalez de Olañeta.

FIN.

# INDICE.

Páginas.

PRÓLOGO
DICTÁMEN.

### CARTA PRIMERA.

SUMARIO.—Introduccion.—Economía política.—Es ciencia.—Su importancia.— Objeto y fin.—Utilidad de su estudio para las clases obreras.................................... 1

### CARTA SEGUNDA.

SUMARIO.— Continuacion de la anterior. — Nociones generales sobre el significado económico de las palabras *riqueza, utilidad, valor, produccion, trabajo, division y libertad del mismo, capital, salario, ley económica de la oferta y la demanda*.................................... 21

### CARTA TERCERA.

SUMARIO.- Idea de la máquina bajo el punto de vista económico.—Cómo concurre á la obra de la produccion.—Efectos económicos que produce la introduccion de una nueva máquina en la industria.................... 49

### CARTA CUARTA.

SUMARIO.—Efectos morales que producen las máquinas.—Inconvenientes que Montesquieu, Sismondi y otros autores han atribuido á las máquinas.—Refutacion de estas opiniones.................................... 73

### CARTA QUINTA.

SUMARIO.—Entre los efectos que producen las máquinas, tanto económicos como morales, ¿puede ser alguno perjudicial para la clase obrera?—Dado se presenten, ¿qué circunstancias atenúan el mal?—¿Puede admitirse, entre otros medios, el de la propiedad colectiva de las máquinas?.................................... 101

### CARTA SEXTA.

SUMARIO.—Ensayo de una reseña razonada de los libros de Economía política que tratan especialmente la cuestion de las maquinas.—Conclusion.—Consejos á los obreros.... 125

www.ingramcontent.com/pod-product-compliance
Lightning Source LLC
LaVergne TN
LVHW061214060426
835507LV00016B/1924